109 CONSEJOS PARA LLEGAR
A FIN DE MES

Matthew Honess

109 CONSEJOS PARA LLEGAR A FIN DE MES

Mestas
ediciones

© Matthew Honess
© JORGE A. MESTAS EDICIONES, S.L.
Avda. de Guadalix, 103
28120 Algete (Madrid)
Tel. 91 886 43 80
Fax: 91 886 47 19
E-mail: info@mestasediciones.com
www.mestasediciones.com
⨍ http://www.facebook.com/MestasEdiciones
⬀ http://www.twitter.com/#!/MestasEdiciones

Director de colección: Raül Pere

Primera edición: Septiembre, 2013

ISBN: 978-84-92892-40-2
Depósito legal: M-24415-2013
Printed in Spain - Impreso en España

*"Vivir bien no es cuestión de dinero, sino de organización,
de sacar el máximo rendimiento posible
al presupuesto que tenemos.
El primer punto fundamental sería
no tirar el dinero nunca.
El segundo punto fundamental sería
no tirar el tiempo con el cual conseguirás más dinero."*

Norkin Gilbert

NOS ENCUENTRAS EN

www.mestasediciones.com

ÍNDICE

9

Ideas = Dinero

*Este libro lo único que pretende es llenarte
la cabeza de ideas, para que seas capaz
de transformarlas en dinero contante
y sonante, y dejes de tener problemas
para llegar a fin de mes.*

Introducción

DISFRUTAR DE LO QUE YA TENEMOS, POSICIONANDO LOS PILARES DE NUESTRA FUTURA ECONOMÍA

Una de las claves para entender el desasosiego en el ser humano es que siempre quiere más. Esto es muy bueno en muchísimas ocasiones, ya que nos infundará valor para conseguir nuevos retos, pero también tiene sus aspectos negativos: no nos conformamos con lo que tenemos y, lo que es más grave, nunca llegamos a disfrutar en su totalidad del momento que vivimos ahora. Y "ahora" se convierte en la palabra y en el elemento clave. Vivir el presente, ni anclados en el pasado ni en la burbuja irreal del futuro. Vivir aquí y ahora, aprendiendo de los errores del ayer y dejándonos arrastrar, sanamente, por las ilusiones del mañana. En el presente. En el aquí y ahora.

A nivel económico esto tiene mucho sentido si quieres cambiar tu vida a mejor. Debes dejar de pensar que "el dinero nunca llega a tus manos". Eso pasaba antes, en el pasado. Lo puedes cambiar en tu presente aprendiendo una serie de técnicas y administrando bien tu economía. Y eso nos lleva a tus deseos de mejorar, de prosperar, a tu necesidad "de más". Es obvio que quieres (porque sientes que lo mereces) una vida más desahogada, donde no debas preocuparte por si tus recursos económicos llegarán o no para cubrir las nuevas necesidades que te has auto-impuesto. No solo es lícito, es lo que debes hacer. Mejorar y querer más. Pero para ello tendrás que disciplinarte y desarrollar una capacidades que ahora mismo puede que no tengas.

¿Sabes por qué la mayoría de las personas a las que les toca la lotería a los pocos años vuelven a estar en la misma situación que al principio, si no peor? Porque no tienen interiorizado un sistema de gestión del dinero, o el que tienen es erróneo. Si no saben administrar 1.000 euros, ¿crees que serán capaces de manejar 10 millones? Yo no lo creo, y así está demostrado. Tienen más dinero y gastan más; y mal, como mal lo hacían cuando se limitaban a 1.000 euros. Por ello el primer paso para que tu economía mejore, amigo mío, es disfrutar del aprendizaje desde el primer día, disfrutar de tu situación actual y disfrutar del gobierno de la misma desde hoy, desde "ahora". Si aprendes a llegar a fin de mes sabiamente con lo que tienes, cuando tengas mucho más tendrás tan interiorizado los recursos y los movimientos que no te costará nada seguir prosperando en la vida, que es de lo que se trata.

Por lo tanto este libro no solo te ayudará a salir del túnel en el que puede que estés metido, sino a crecer, a hacer que el dinero juegue a tu favor y que seas siempre tú el que tenga el dominio de la situación. Te ayudará a posicionar los pilares de tu futuro financiero, a partir de lo más sencillo: saber crear presupuestos, listas de necesidades, guardar dinero para imprevistos y para mejorar tu economía, comprar más eficazmente, recortar de los sitios que haya que recortar y exprimir al máximo cada céntimo para que nada de lo que deseas salga de tu vida, el ocio incluido.

Naturalmente, este pequeño catálogo de consejos es solo un primer empujón para que el cambio entre en tu vida, para que aprendas por ti mismo a provocar ese cambio; hay cientos de nuevos consejos que tendrás que inventar sobre la marcha y decenas de los que yo he puesto aquí a los que impregnarás tu propio estilo, adecuándolos a tus circunstancias. Eso es lógico. Sin embargo, no te dejes engañar por lo esquemático de estas páginas, pues los consejos que encontrarás en su interior se pueden convertir (bien administrados) en una poderosa arma para tu crecimiento económico y el de tu familia; y para que ello se vea reflejado en vuestra actitud ante la vida, a la que sacaréis el máximo provecho, y en vuestra felicidad, que es el punto más importante y al que deberíamos dedicar más horas a lo largo del día. ¡Nunca deberíamos ahorrar en eso!

¡Feliz economía!

PRIMERA PARTE:

EL PRESUPUESTO

A tener en cuenta...

El presupuesto es el punto primordial. Es la acción de anticiparse a los acontecimientos, desarrollar por escrito una previsión de los gastos que tendremos, además de los ingresos con los que podremos contar. Todo debe quedar reflejado, incluso los hipotéticos imprevistos que uno nunca espera y al final siempre aparecen. Se trata de encontrar el idílico equilibrio en el tiempo entre gastos e ingresos que nos asegure una economía sólida y eficiente, sin sorpresas.

En este apartado lo que quiero que aprendas es la importancia de tener en tu mente, y también en un cuaderno o una hoja de cálculo, todos los movimientos monetarios que se producirán a lo largo del mes en tu economía doméstica. Antes de que ocurran, tú debes tener constancia, y por lo tanto, también debes tener previstas una serie de soluciones para los distintos problemas que se nos pueden presentar. Un presupuesto bien elaborado debe ser tu "mapa del tesoro", tienes que ser lo suficientemente hábil para crearlo y lo suficientemente tenaz para seguirlo estrictamente sin desviarte. Son los elementos clave para un final feliz.

Consejo 1

UNA MÁXIMA: LOS GASTOS DEBEN SER INFERIORES A LOS INGRESOS

A la hora de elaborar tus presupuestos, tus gastos reflejados siempre deben ser menores que tus ingresos. Es algo obvio. Si no controlas tus gastos, éstos pueden verse desbordados muy fácilmente. Por esa razón debemos hacer los presupuestos, para saber cuáles son nuestros límites y jamás sobrepasarlos, ni en el papel ni en la práctica.

La mayoría de las familias que lo pasan mal para llegar a fin de mes fallan en esto; sobrepasan sus límites, por ignorancia. No saben hallar un equilibrio entre sus ingresos y los gastos que han de soportar, por ser estos últimos en muchas ocasiones de carácter variable, dependiendo del consumo u otros factores no previstos. Tú no puedes caer en estos errores y desde el principio debes tener muy claro una máxima: **tus gastos SIEMPRE deben ser menores a tus ingresos.** Si no lo son en estos momentos, no te preocupes, voy a darte muchas ideas y soluciones para que consigas este objetivo prioritario, sin el cual jamás llegarás a fin de mes, sin tener que recurrir a tus ahorros, si los tienes, o a solicitar un préstamo, lo cual no te recomiendo. Los préstamos tienen que devolverse y suponen intereses que debes asumir cada mes. Un gasto más a considerar. Solo debes solicitarlos cuando la causa esté plenamente justificada.

Recurrir a los ahorros, si te es posible, supone una disminución de tu capacidad para afrontar futuros imprevistos, para acometer posibles inversiones y no favorece tu economía.

Consejo 2

ELABORAR UN PRESUPUESTO DETALLADO Y ESTABLECER OBJETIVOS

Como ya te he comentado, un presupuesto bien elaborado es el mapa a seguir, una herramienta indispensable para conseguir las metas financieras que establezcamos y un orden en nuestra economía, a fin de no llegar mes a mes con la soga al cuello. Por lo tanto, ¿qué elementos debe incluir para que nos sea útil en nuestro día a día? Un presupuesto se nutre de información, por eso debe ser lo más detallado posible para que no nos falte ningún factor que pueda orientarnos en nuestro cometido. Un buen presupuesto debe contar como mínimo con las siguientes partidas:

INGRESOS (I):
  A.- Ingresos fijos (mensuales)   *Gráfico 1*
  B.- Ingresos variables   *Gráfico 2*

GASTOS (G):
  C_1.- Gastos fijos (mensuales)   *Gráfico 3*
  C_2.- Gastos fijos variables (mensuales)   *Gráfico 3*

D.- Gastos variables *Gráfico 4*
(*Incluye los Gastos Imprevistos*)
E.- Gastos planificados *Gráfico 5*

Después deberíamos ocuparnos de **elaborar una lista de objetivos (mensuales y semanales) y una hoja de control de gastos.**
En los siguientes consejos te enseñaré a desarrollar cada uno de los apartados. Lo más importante de todo es que los adaptes a tus necesidades y que te acostumbres a preparar mes a mes la ruta a seguir y que la cumplas. Debes ser muy estricto en esto. Siempre. No dejes lugar a la improvisación, pues eso solo te puede llevar a un sitio: a gastar más de lo que te permiten los ingresos que generas y pasarlo mal para llegar a final de mes.

Unos meses tendrás más gastos que otros, al igual que unos meses podrás generar más entradas de dinero de lo habitual. Todo debe estar reflejado, y tú debes ser consciente de todos aumentos y disminuciones antes de que ocurran. A eso se le llama planificar, que es lo que te recomiendo que hagas a partir de hoy. El tiempo que le dediques será tiempo y dinero ganado, tiempo y dinero invertido en tu futuro.

Siempre has de tener referencias y éstas influirán en los objetivos mensuales y semanales que te marques. Una vez que establezcas objetivos en relación al dinero del que vas a disponer y al dinero que vas a gastar (eso lo descubres rellenando el presupuesto), podrás determinar el camino que tienes que seguir durante los siguientes días. Es decir, lo que hagas vendrá marcado por las metas que tengas.

Ahorrar es un hábito que se puede adquirir, una vez que lo tienes afianzado sale por sí mismo y acaba pareciendo que terminar el mes en positivo es fácil. Seguramente conocerás a personas a las que les resulta sencillo acumular dinero en el banco, mientras que otras, con el mismo sueldo, no son capaces de llegar al día veinte. Tiene más que ver con los hábitos que con los gastos que puedan tener unos y otros. Ya que quien tiene en la cabeza *que va a ahorrar,* descubre la manera de conseguirlo. Recortará gastos o generará más ingresos, pero seguro que tendrá muchas posibilidades de salir airoso del reto.

Yo te propongo que, poco a poco, vayas adquiriendo el hábito de ahorrar, y para ello te será muy útil establecer objetivos mensuales y semanales. Éstos ejercerán de motivadores, te impondrán un desafío positivo que te empujará a la victoria.

Pon primero objetivos fáciles de cumplir, no te vuelvas loco queriendo salvar tu economía a las primeras de cambio. Con tranquilidad y sin prisas. Si te impones retos muy grandes posiblemente no los consigas y te desmotives, por eso te recomiendo que empieces a pensar en *pequeñito, con modestia.* Bastará con que los primeros meses seas capaz de ajustar la liquidez y evitar los números rojos, o quizá, salvar el reto ahorrando cinco o diez euros. Puede que parezca muy poco, pero sabrá a victoria igualmente si los meses anteriores tenías que echar mano del dinero que tenías ahorrado para llegar a fin de mes. Solo con esto, acabas de preservar tus ahorros y tu economía te lo agradecerá en un futuro. Estás ante tu primer gran logro.

Además, irás acostumbrando a tu cerebro a ingeniárselas para mantener el listón alto. A medida que te vayas sintiendo más seguro, podrás ir aumentando la cifra de ahorro conseguida, lo importante es que sea la que sea, tú te sientas convencido de que cumplirás con lo que te has impuesto. Los objetivos se ponen para cumplirlos, no para ver si hay suerte y se consiguen.

Consejo 3

LOS INGRESOS FIJOS (A)

A la hora de hacer un presupuesto tienes que anotar cuáles son tus ingresos fijos netos, que serán aquellas entradas de dinero que recibes con regularidad mes a mes. Aquí entran nóminas, cualquier salario, intereses percibidos, alquileres cobrados..., cualquier ingreso que recibas periódicamente.

Gráfico 1

A.- INGRESOS FIJOS

Ingresos fijos netos mensuales

Tipos de renta	Euros mensuales	
Nómina	1.150 €	
Alquiler de dos plazas de garage	300 €	
A.- Total de ingresos fijos	**1.450 €**	**A**

Consejo 4

LOS INGRESOS VARIABLES (B)

Los ingresos variables serán aquellos que recibiremos ocasionalmente, algún que otro mes, pero no con regularidad. Podrían entrar en esta categoría las pagas extraordinarias, los pagos por la realización de horas extra, salarios por trabajos esporádicos, regalos o donaciones de amigos o familiares, devoluciones de Renta por la Hacienda Pública (IRPF),... etc.

Si no los podemos prever con anticipación, los anotaremos para el mes siguiente y en ningún caso los gastaremos. Aunque si tenemos una estimación aproximada del montante lo anotaremos en la realización previa del presupuesto.

En contabilidad existe una máxima que intenta preservar el futuro y la estabilidad de las empresas, y que siempre he creído que puede trasladarse a una economía familiar. Nos dice que los ingresos deben contabilizarse en el momento que se producen, nunca antes. Sin embargo los gastos deben contabilizarse en cuanto creamos que pueden producirse, o exista una cierta posibilidad de que ocurran. Aunque luego no se produzcan y halla que anularlos. Este es el llamado *Principio de Prudencia*, que debidamente trasladado a una economía familiar nos puede ser muy útil. Nos dice que debemos prever todo posible gasto, por dudoso que parezca, y no dar nunca como cierto un ingreso hasta que no esté confirmado en nuestra cuenta corriente.

B.- INGRESOS VARIABLES
Ingresos netos adicionales anuales

Tipos de renta	Mes	Euros anuales
Paga extra de verano	Julio	1.210 €
Devolución de impuestos	Septiembre	235 €
Paga extra de navidad	Diciembre	1.210 €
B.- Total de ingresos variables		**2.655 €**

Así, el ingreso neto anual del que podemos disponer será la suma de las 12 mensualidades de ingresos fijos más los ingresos variables.

1 **Ingreso neto anual = 12 A + B**

$$12A + B = 12 (1.450) + 2.655 = 20.055 \text{ euros.}$$

Consejo 5

HACER UNA LISTA DE GASTOS FIJOS MENSUALES (C_1) Y DE GASTOS FIJOS VARIABLES MENSUALES (C_2)

Una vez que sabemos a ciencia cierta de qué ingresos dispondremos, es imprescindible hacer un estudio serio de todos los gastos fijos que debemos afrontar.

Denominaremos ***gastos fijos*** a aquellos que tenemos todos los meses (alquileres, hipotecas, seguros, etc.) y cuyo importe es siempre el mismo mes a mes (aunque pueda variar de año en año).

Y llamaremos ***gastos fijos variables*** a los que también tenemos mensualmente (luz, agua, gas, alimentación, telefonía…), pero que tienen un importe variable, ya que dependen directamente del consumo que realicemos.

En estos casos al elaborar el presupuesto habrá que hacer una aproximación, teniendo en cuenta los datos de meses y años anteriores. Cuanta más maestría acabemos adquiriendo en el arte de calcular el importe previsto, mejor, porque desviarse significativamente del mismo puede descomponer por completo el presupuesto que hayamos elaborado.

Esta lista tiene que ser exhaustiva en cuanto a número de apartados, el olvido de uno de estos gastos puede producir un grave contratiempo.

Gráfico 3

C.- GASTOS FIJOS
Gastos fijos mensuales

Gastos	Euros mensuales
Hipoteca	630 €
Plan de pensiones	50 €
Gas y electricidad	80 €
Agua	12 €
Teléfonos, internet, comunicaciones.	75 €
Seguro médico	45 €
Comida y aseo	160 €
Transporte	100 €
C.- Total Gastos fijos mensuales	**1.152 €**

Consejo 6

HACER UNA LISTA
DE GASTOS VARIABLES (D)

Denominaremos gastos variables a aquellos que se producen de forma intermitente y no de forma regular y periódica. Serían aquéllos que no se producen cada mes. Aquí entrarían gastos de peluquería, compra de ropa, gimnasio, subscripciones, pagos estacionales (la piscina municipal, por ejemplo), medicamentos, etc. Naturalmente para algunas personas estos gastos pueden convertirse en gastos fijos variables, porque se produzcan cada mes, pero no es lo normal.

Los gastos variables se pueden convertir en un dolor de cabeza si no eres capaz de anticiparte a ellos. Es fácil que se nos escapen de la mente y nos olvidemos a la hora de realizar el presupuesto, ya que son más esporádicos.

Lo que te sugiero es que hagas una lista con todos los posibles gastos variables que puedes tener en un año.

Gráfico 4

D.- GASTOS VARIABLES
Gastos variables mensuales

Gastos	Enero	Febrero	Marzo	Abril	Mayo	Junio	Julio	Agosto	Septiembre	Octubre	Noviembre	Diciembre	Total por gasto
Gimnasio	-	-	-	45 €	45 €	45 €	45 €	45 €	45 €	45 €	45 €	-	360 €
Ocio y entretenimiento	50 €	40 €	50 €	50 €	50 €	50 €	50 €	100 €	50 €	50 €	50 €	100 €	690 €
Cuota videoclub	30 €	-	-	30 €	-	-	30 €	-	-	30 €	-	-	120 €
Ropa y calzado	50 €	-	-	-	20 €	10 €	20 €	50 €	-	-	-	50 €	200 €
Libros y revistas	-	20 €	10 €	-	-	10 €	5 €	10 €	-	20 €	10 €	-	85 €
Artículos para la casa	30 €	10 €	10 €	20 €	-	-	-	-	20 €	30 €	10 €	-	130 €
Extras en rebajas	30 €	-	-	-	-	-	-	40 €	-	-	-	-	70 €
Imprevistos	60 €	50 €	50 €	50 €	50 €	50 €	65 €	70 €	50 €	50 €	50 €	100 €	695 €
D.- Total Gastos variables mensuales	250 €	120 €	120 €	195 €	165 €	165 €	215 €	315 €	165 €	225 €	165 €	250 €	2.350 €

D — Total Gastos Variables al año

26

Consejo 7

HACER UNA LISTA DE GASTOS PLANIFICADOS (E)

Podríamos denominar gastos planificados a aquellos que anticipadamente podemos prever y que solo se producen una o dos veces al año. Aquí tendríamos los pagos de impuestos, reformas previstas, gastos vacacionales, seguros anuales, semestrales, etc.

Hay personas que saben llevar bien su economía diaria, pero descuidan esta serie de gastos puntuales, con lo cual se meten en ocasiones en un laberinto de falta de liquidez económica que arrastrarán durante meses. ¿Por qué? La respuesta es obvia, cuando les toca hacer frente a esos pagos no tienen dinero porque no han sido capaces de ahorrar lo suficiente para abordarlos. Siendo diligentes diríamos que es necesario primero pensar qué gastos planificados nos surgirán, hacer una lista precisa y después planificar la manera de ahorrar la cantidad precisa para afrontarlos.

E.- GASTOS PLANIFICADOS

Gastos planificados anuales

Gastos	Mes	Euros anuales
Pintar el dormitorio	Mayo	125 €
Seguro del hogar	Junio	527 €
Impuestos varios	Julio	650 €
Vacaciones de Verano	Agosto	400 €
Impuesto vivienda: I.B.I.	Septiembre	247 €
Viaje de Navidad	Diciembre	200 €
Regalos de Navidad	Diciembre	300 €
E.- Total Gastos planificados anuales		**2.449 €** E

Así, el Gasto Total Anual que debemos afrontar será 12C + D + E

12 meses x Gasto Fijo mensual(C) + Total Gastos Variables(D) + Total gastos planificados(E)

2 | **Gasto total anual = 12 C + D + E**

12 (1.152) + 2.350 + 2.449 = 18.623 euros.

Como habíamos calculado unos ingresos anuales de :

1 | **Ingreso neto anual = 12 A + B**

12A + B = 12 (1.450) + 2.655 = 20.055 euros.

Podemos decir que logramos un Ahorro anual de:

AHORRO= Ingreso neto anual - gasto total anual

AHORRO = 1 - 2 = 20.055 - 18.623 = 1.432 Euros.

Hay que apartar ese dinero en algún sitio y dejarlo ahí como si *no existiese*, pase lo que pase. No hay que sacar ni un céntimo para hacer frente a otros problemas o imprevistos, porque eso sería poner un parche sin atajar un problema que tarde o temprano acabará por perjudicarnos.

Planificar significa buscar soluciones anticipadamente, prever inconvenientes y saber mover las fichas con inteligencia para que nuestras cuentas nunca acaben en números rojos.

Consejo 8

TENER UNA LISTA DE IMPREVISTOS

Sé que estarás pensando que si tenemos la capacidad de hacer una lista de imprevistos, de alguna manera ya no serán "tan" imprevistos. Y tienes razón. De eso se trata, de ser capaces de anticipar cada uno de los posibles contratiempos. Naturalmente no podrás prever todos y cada uno de los aspectos que te puedan afectar. Eso es sencillamente imposible, porque nadie puede saber con anterioridad si se le romperá la nevera, si su coche dejará de funcionar o si tendrá que comprar un ordenador nuevo porque el suyo ha dicho basta. Nunca podrás estar seguro al 100% que te llegarán este tipo de gastos. Pero al menos tienes que tener muy claro que pueden presentarse en cualquier momento y que debes tener un dinero apartado todos los meses para este concepto.

La cantidad de dinero que debes apartar dependerá del estudio que hagas basándote en la experiencia de meses anteriores. Es decir, de cuánto sueles gastar habitualmente en esta serie de imprevistos normalmente.

¿Qué debemos hacer si tenemos suerte y no necesitamos utilizar la totalidad del montante previsto? Yo te recomiendo que lo añadas a una cuenta de ahorro a largo plazo o bien que lo incluyas en el dinero destinado a los imprevistos del mes siguiente. Nunca gastes este dinero, porque no sabes si mañana te puede hacer falta para cualquier otra cosa que no tuvieses prevista. Acuérdate siempre del Principio de Prudencia.

Consejo 9

ELABORA UN BUEN PRESUPUESTO ANUAL

Puede haber tantos presupuestos válidos como personas que lo realicen. Con ello quiero decir que su elaboración es tan personal y debe adaptarse a tantas circunstancias distintas que el resultado difiere mucho de unas personas a otras. El que a continuación desarrollamos como ejemplo, con los datos que ya hemos acumulado, es susceptible de cuántas modificaciones se adapten a tus necesidades. *(Ver gráfico 6)*

Consejo 10

DESTINA DINERO AL AHORRO

Cualquier economía que se precie debe estar enfocada primero al ahorro y después a la inversión, nunca al gasto. El ahorro nos ayuda a crecer, a

Gráfico 6

PRESUPUESTO ANUAL
Presupuesto anual por mes

Ingresos y Gastos	Gráfico	Enero	Febrero	Marzo	Abril	Mayo	Junio	Julio	Agosto	Septiembre	Octubre	Noviembre	Diciembre	Totales año		Total Ingresos
Ingresos(I):																
A Ingresos fijos	1	1.450 €	1.450 €	1.450 €	1.450 €	1.450 €	1.450 €	1.450 €	1.450 €	1.450 €	1.450 €	1.450 €	1.450 €	17.400 €	A	20.055 € I
B Ingresos variables	2	-	-	-	-	-	-	1.210 €	-	235 €	-	-	1.210 €	2.655 €	B	
Gastos(G):																Total Gastos
C Gastos Fijos	3	-1.152 €	-1.152 €	-1.152 €	-1.152 €	-1.152 €	-1.152 €	-1.152 €	-1.152 €	-1.152 €	-1.152 €	-1.152 €	-1.152 €	-13.824 €	C	
D Gastos Variables	4	-250 €	-120 €	-120 €	-195 €	-165 €	-165 €	-215 €	-315 €	-165 €	-225 €	-165 €	-250 €	-2.350 €	D	-18.623 € G
E Gastos Planificados	5	-	-	-	-	-125 €	-527 €	-650 €	-400 €	-247 €	-	-	-500 €	-2.449 €	E	
Ahorro(H):																
H = Ahorro total mensual		48 €	178 €	178 €	103 €	8 €	-394 €	643 €	-417 €	121 €	73 €	133 €	758 €	1.432 €	H	1.432 € H
H=A+B-C-D-E																
Ahorro total acumulado		48 €	226 €	404 €	507 €	515 €	121 €	764 €	347 €	468 €	541 €	674 €	1.432 €			

H = AHORRO ANUAL TOTAL

Ingresos(I):	$I \quad I = A + B$
Gastos(G):	$G \quad G = C + D + E$
Ahorro(H):	$H \quad H = I - G$

Ingresos = Ingresos fijos + Ingresos variables

Gastos = Gastos Fijos + Gastos Variables + Gastos Planificados

Ahorro = Ingresos - Gastos

Ingresos: $I = 17.400 + 2.655 = 20.055$ Euros — **I**

Gastos: $G = 13.824 + 2.350 + 2.449 = 18.623$ Euros — **G**

Ahorro: $H = 20.055 - 18.623 = 1.432$ Euros — **H**

tener más dinero con el que afrontar próximos retos. El ahorro, sabiamente aplicado nos puede suponer una interesante inversión. La inversión, nos confiere la capacidad de generar más dinero. Para eso se invierte, para conseguir aumentar nuestro capital.

Así, puedo guardar poco a poco 6.000 euros en un cajón. Ese dinero es mi ahorro, pero no está produciendo beneficio alguno. Si decido meter ese dinero en un plazo fijo en el banco a un 5% de interés anual, estaré realizando una inversión con mis ahorros que me reportará 300 euros cada año. Mi capital aumentará en un año de 6.000 euros a 6.300 euros.

Por otra parte, una economía enfocada al gasto, solo puede traer a la larga, dolores de cabeza y preocupaciones por no poder llegar a fin de mes. Confundimos placer con bienestar y capricho con necesidad. El hecho de comprar todo lo que se nos antoje, aunque no sea necesario, puede llevarnos a situaciones de falta de liquidez y provocar serios problemas a nuestra economía. Es justo lo que debemos evitar. ¡Debemos evitar siempre gastos innecesarios! Ponte otra norma en tu vida; antes de realizar cualquier gasto, piénsatelo tres veces.

Por todo ello, te digo que si quieres disfrutar más de la vida a largo plazo y proteger tu futuro, debes concentrarte en ahorrar cada mes la mayor cantidad posible, sin perder en lo esencial, obviamente, calidad de vida. Tendrás que sacrificar actividades y gastos "superfluos" que no te aporten gran cosa para tu existencia y desarrollo personal. Con el paso del tiempo recogerás los frutos de tu sacrificio.

Ahorrar o no hacerlo son hábitos. Uno es saludable, el otro es contraproducente. El saludable se adquiere a base de disciplina, el perjudicial mediante la dejadez. Si quieres ahorrar todos los meses solo tienes que hacer una cosa: apartar una cantidad una vez que has recibido tus ingresos. El montante es lo de menos, lo importante es que te habitúes a hacerlo siempre, sin excepciones. Da igual que sea un 1% o un 10% de lo que ingresas. Si te acostumbras bien, poco a poco irás guardando más y sorprendentemente gastando menos, ya lo verás.

Es fundamental que una vez que has apartado el dinero a ahorrar, te olvides de él, y no eches mano de estas provisiones en los primeros instantes de necesidad. Eso es muy propio de gente inexperta en estas lides, primero guarda y en los siguientes meses ya se ha gastado todo ese dinero por una u otra razón, ante cualquier capricho o imprevisto.

Esto tiene que ver con su *patrón económico interno*, que es, para que me entiendas, el código que tenemos cada uno de nosotros con respecto al dinero y que nos dice cuánto debemos tener y en cierta medida "cuánto valemos". En el momento que creemos tener más de lo que nuestro patrón interno dicta, aparece milagrosamente la necesidad de realizar gastos "extraños" para obligarnos a desprendernos del dinero que pensamos que no merecemos o que no debemos tener. Sé que puede sonar absurdo, pero es lo cierto. Contra esto solo hay una solución posible: disciplina y creer y saber que debemos y merecemos tener más dinero. Por eso aparta el dinero que tú estimes oportuno cada mes y olvídate de que existe; vive sin él; con el tiempo establecerás objetivos de inversión con los que podrás hacer que este dinero se multiplique y empiece a generar mejor calidad de vida para ti y tu familia.

Consejo 11

HOJA DE CONTROL DE GASTOS: NUESTRA HERRAMIENTA MÁS VALIOSA

Sin lugar a dudas, la hoja de control de gastos será tu mejor y mayor herramienta de trabajo para el cumplimiento de los objetivos estimados en el presupuesto.

En ella pondrás las cifras de los distintos apartados para saber cuánto puedes gastar semanal y mensualmente en alimentación, hogar, desplazamientos, ocio, etc. En otra columna irás anotando los gastos que se vayan produciendo día a día para no superar jamás el objetivo que te hayas marcado. De esta manera si has puesto que esta semana tienes un presupuesto de 50 euros para comida y acabas de gastarte 40 en la compra del supermercado, lo anotarás y sabrás desde ese instante que solo puedes gastarte 10 euros más en los próximos días, hasta que entres dentro del marco de la siguiente semana. Nunca debes sobrepasar la cifra marcada;

puedes quedarte por debajo, nunca por encima. No vale eso de pensar que esta semana gastarás 65 euros y recortarás en los gastos de la semana que viene para compensar. No debes hacer eso, salvo circunstancias de fuerza mayor. Los presupuestos están para cumplirlos y atenerse siempre a ellos. Ésa es la clave del éxito.

Puedes elaborar la página de control de gastos con lápiz y papel o decidirte por una hoja de cálculo en excel, numbers o google docs. Pienso que esta opción es la más versátil e interesante. Hoy en día, además, a través de servidores online como Dropbox o Drive, entre otros muchos, podemos mantener el documento en la nube, y podremos consultarlo en cualquier sitio del mundo con wifi o conexión a internet desde un ordenador, tablet o incluso con un smartphone.

En el siguiente cuadro podrás observar una hoja control de gastos similar a las que yo utilizo, para que te hagas una idea más pormenorizada.

HOJA DE CONTROL DE GASTOS SEMANALES

OPERACIONES DÍA A DÍA

Categoría	Fecha	Descripción	Cantidad
Alimentación	01/06/13	Verduras supermercado	€ 7,47
Total: 45,19 €	03/06/13	Fruta	€ 12,32
	05/06/13	Leche, pescado y otros	€ 15,00
	06/06/13	Zumos	€ 3,20
	06/06/13	Frutos secos	€ 7,20
Hogar	03/06/13	Papel higiénico y servilletas	€ 5,43
Total: 14,93 €	05/06/13	Bombillas	€ 3,20
	06/06/13	Detergente	€ 6,30
Transporte	05/06/13	Gasolina	€ 20,00
Total: 22,00 €	06/06/13	Limpiar coche	€ 2,00
Ocio	01/06/13	Libro Stephen King	€ 9,95
Total: 25,44 €	05/06/13	Película Mago de Oz	€ 7,50
	06/06/13	Spotify	€ 4,99
	06/06/13	Bar	€ 3,00
Otros	01/06/13	Le di 4€ a Charly	€ 4,00
Total: 9,00 €	07/06/13	Limosna	€ 5,00
Gasto Total Real			€ 116,56

Categorías de gasto semanal

Categoría	PRESUPUESTO SEMANA	GASTO REAL	SALDO
Alimentación	€ 50,00	€ 45,19	4,81
Hogar	€ 30,00	€ 14,93	15,07
Transporte	€ 25,00	€ 22,00	3,00
Ocio	€ 30,00	€ 25,44	4,56
Otros	€ 20,00	€ 9,00	11,00
Total	€ 155,00	€ 116,56	38,44

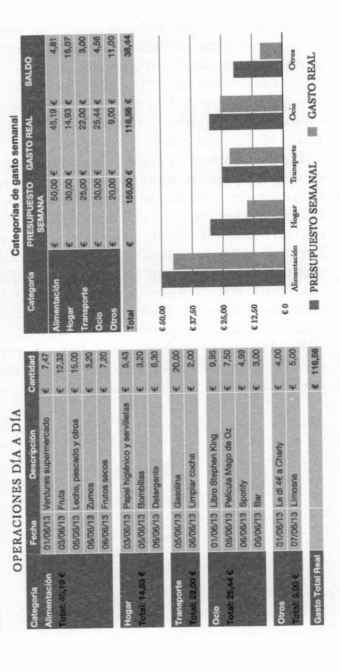

PRESUPUESTO SEMANAL · GASTO REAL

SEGUNDA PARTE:

CONSEJOS GENERALES

A tener en cuenta...

En este apartado tocaremos los aspectos a tener en cuenta siempre, independientemente de tus circunstancias particulares: ingresos, gastos, inversiones, recortes y presupuestos.

Te diría que aunque tuvieses una fortuna repartida en veinte bancos, deberías asimilar dos o tres conceptos básicos para saber administrar tu dinero.

Así debes saber hacer un seguimiento eficaz de todas tus cuentas, saber la utilidad que cada una de ellas te proporciona, sus gastos y comisiones, aprender a invertir con eficacia, a saber planificar tu economía a fin de poder afrontar la jubilación con eficacia...

Empecemos.

Consejo 12

GANA UN DINERO EXTRA

Cuando las cosas no van bien económicamente no solo hay que pensar en minimizar los gastos, ahorrar y hacer cábalas para llegar a fin de mes, también hay que dar un paso al frente y quemar todas las naves, como hizo Hernán Cortes. ¿Y por qué hizo esto el conquistador español? Porque sabía que quemando las naves se borraba toda posibilidad de retorno, no dejaba espacio para la vuelta a atrás, lo cual hacía imposible la retirada. Eso es lo que debes hacer tú: concienciarte de que debes ganar más y no dejar ni un rastro de duda al respecto. Da igual las crisis que esté viviendo tu país o el planeta, si tú quieres ganar más dinero (por poco que sea) lo conseguirás con la actitud adecuada y pensando creativamente.

No es necesario pedir un aumento de sueldo, pero sí que le podrías preguntar a tu jefe de qué manera podrías ayudar a tu empresa a ingresar más dinero con el fin de ganar tú un poquito más en concepto de horas extra o de comisión. También podrías crear fórmulas de negocio alternativos para ganar algo más después de tu jornada laboral. O tener otro empleo a jornada parcial. Cualquier cosa que te ayude a aumentar tus ingresos y llegar con más solvencia a fin de mes. Todo es emplear tu imaginación y desarrollar tu actitud de triunfo. Si quieres más dinero, encontrarás la manera de conseguirlo. Pero para eso tendrás que tener muy claro que estás dispuesto a quemar tus naves y a no rendirte jamás. Eso es la actitud con la que comenzaron la totalidad de los millonarios que empezaron de cero, después de una infancia y adolescencia muy humilde. Y eso es lo que debes implementar tú en tu vida.

¡Consigue más dinero! Aunque sea poco siempre ayudará. "Un grano no hace granero, pero ayuda a su compañero".

Consejo 13

DIVIDIR CUENTAS POR UTILIZADES

Algo importantísimo que aprendí en los cursos intensivos de Harv T. Ecker y que desde entonces he añadido a mi forma de manejar el dinero, es que uno debe tener varias cuentas para dividir los usos que hacemos del dinero. Podría ser algo parecido a esto:

1. Necesidades (comida, vivienda, luz, agua, etc.)
2. Ahorro (para inversiones, ocio a largo plazo como vacaciones, gastos previstos, jubilación, etc.)
3. Formación (gastos relacionados con nuestra educación personal, libros, cursos, etc.)
4. Ocio (dinero integramente destinado para gastar en diversión, ya sea ir al cine, conciertos, viajar...)

Naturalmente, tú podrías tener más o menos cuentas dependiendo de tus circunstancias.

De lo que se trata es que cada mes, una vez que hemos recibido los ingresos pertinentes, pongamos el porcentaje de dinero marcado para cada una de las cuentas. Lo suyo sería que destinases por ejemplo un 70% a tus necesidades básicas, un 10% al ahorro, un 10% a tu formación y otro 10% para tu ocio. ¡Todos los meses y sin excusas!

¿Podemos traspasar dinero de una cuenta para cubrir los gastos de otra? No. Rotundo. Si no tienes más remedio, obviamente tendrás que hacerlo, pero es importantísimo que te adeqües al sistema y te muestres inflexible en los porcentajes que establezcas al principio, una vez que has analizado cuánto podrías destinar a cada cuenta.

Además, si destinas "x" a ocio o a formación, mi recomendación es que gastes hasta el último céntimo, porque eso querrá decir que estás disfrutando de la vida, ya que aunque tu sueldo sea pequeñito siempre tienes una cantidad para hacer las cosas que te gusta hacer.

Si te sobra algún dinero en alguna de las cuentas al final de mes, pásalo todo a la cuenta de ahorro. No lo dejes en la misma cuenta pensando que así tendrás más dinero para otras cosas el próximo mes. No. Lo suyo es que juegues mes a mes y que te adaptes a las exigencias del juego. Al final el que ganará serás tú, porque tendrás más dinero ahorrado para inversiones, ocio a largo plazo, para asegurarte tu jubilación, etc.

Consejo 14

REALIZA UN SEGUIMIENTO EXHAUSTIVO DE TODAS TUS CUENTAS, HIPOTECAS Y AHORROS

Una vez que hemos dividido nuestro dinero en cuentas, tenemos que controlar los movimientos regularmente. En una simple hoja de cáculo o en una libretita puedes anotar todos los cambios que se vayan produciendo, las entradas y las salidas de dinero. Con ello tendrás dominio absoluto del dinero que tienes y del que puedes gastar en cada momento.

De nada sirve tener todos nuestros pagos y gastos divididos por usos, si después descontrolamos el flujo del dinero. Tener cualquiera de nuestras cuentas en números rojos implica una mala planificación y una pésima gestión. No pasa nada si alguna vez te ocurre, pero debes aprender de los errores. De nada sirve tropezar una y otra vez con la misma piedra.

Podrías destinar uno o dos días a la semana para revisar tus fondos y comprobar que todo sigue su orden lógico y natural, y para rectificar en el caso de que las cosas no estén funcionando según tu plan.

La dejadez es un enemigo muy común, no caigas en ella, tu economía se resentirá. Por el contrario, piensa en ello como un juego divertido. Algo que bien administrado puede llevarte a disfrutar mucho más de las cosas que te gustan de la vida.

Consejo 15

DOMICILIAR LOS RECIBOS

Si domicilias todos los recibos regulares que puedas en la cuenta que le corresponda, los tendrás más controlados y podrás planificar de una manera más eficaz. Cada pago se efectuará en la fecha y con el dinero de la cuenta que le atañe. Así no tendrás que cambiar dinero de lugar o pagar en efectivo, con el trastorno que eso puede conllevar en el control de movimientos.

Ahorrarás tiempo y dinero. La mayoría de las veces lo más simple es lo mejor.

Consejo 16

AVISOS DE PAGOS

Crear avisos en tu calendario, cuenta bancaria o en cualquier aplicación que utilices para organizarte, es muy útil para estar al corriente de los desembolsos que tendrás que hacer próximamente.

Como digo desde el principio, anticiparse es tener la oportunidad de solucionar a tiempo los posibles problemas. Esta simple acción te ayudará a no olvidarte de pagos que tengas que efectuar en los próximos días; y ahorrarás al no tener nunca tu cuenta al descubierto y no tener que pagar extras por ello.

Consejo 17

ORGANIZACIÓN: ARCHIVAR RECIBOS Y FACTURAS

La organización es la madre de aquello que nos hace generar más dinero en nuestra vida, también lo es del ahorro, de los recortes, de la productividad, ¡de todo lo relacionado con los consejos de este libro! Si encuentras tiempo, tendrás la oportunidad de hacer todo lo que debes hacer para llegar a fin de mes. Y eso se consigue con una buena organización y una planificación adecuada. Organizarse eficazmente cuesta trabajo al principio, pero a la larga te evita muchas horas de faena innecesaria.

En este punto me quiero referir a la organización desde el nivel más básico: la simple tarea de tener cierto orden con los papeles, cuentas, facturas y tickets. ¿Por qué? Porque si eres capaz de hacer algo como esto con eficacia, serás capaz de jugar en ligas mayores. O sea, de administrar el resto de los aspectos que te incumben a la hora de gestionar tu economía. Y si, por el contrario, no lo consigues, olvídate; todo lo demás es muy probable que acabe en una desastrosa desorganización que te lleve a pasar penurias el resto de tu vida.

Solo tienes que comprar una serie de archivadores, bandejas de oficina o crear pequeñas cajitas o compartimentos con cartón reciclado. Lo importante es que cada factura, ticket, papel esté en el sitio adecuado, para que cuando lo necesites lo tengas a mano.

El proceso debería ser el siguiente: compro una bombilla en la ferretería, pido el ticket (o la factura si la necesito), llego a casa, apunto el gasto en la *"Hoja de control de gastos"* y archivo ese ticket en su bandeja correspondiente. Puedo además, numerar el ticket y reflejar ese mismo número en la Hoja de control para facilitar su localización. No lo dejo para mañana o para pasado, lo hago hoy.

Es cuestión de ir adquiriendo los hábitos adecuados, de tomar consciencia del dinero, del gasto y de su gestión. Eso te llevará a tener maestría a la hora de gestionar tu economía, ya sea grande o pequeña.

Tu trabajo se verá recompensado el día que necesites urgentemente algún documento del verano pasado y seas capaz de localizarlo en diez segundos. Tal vez te parezca algo trivial, pero no lo es. La experiencia te enseñará el porqué.

Consejo 18

PÁSATE A UN BANCO SIN COMISIONES

Estamos pasando una difícil época en la que los bancos te cobran comisión hasta por respirar: que esto por la trasferencia, esto por el mantenimiento, esto por la tarjeta..., etc. Sin embargo, existen algunas cajas o bancos, ya sean online o físicos que reducen esas comisiones al máximo con tal de no perder clientela y arrebatar toda la que puedan a otros bancos más grandes. Tú debes tener tus cuentas ahí, donde puedas ahorrar más y te exijan menos.

Es cuestión de mirar, informarse, valorar y cambiar. Y estar siempre atento a quién ofrece las mejores prestaciones. No quiero insinuar que debas cambiar tu cuenta de banco cada vez que veas una promoción ventajosa. ¡Claro que no! ¡Esas promociones suelen tener mucha letra pequeña! Pero sí te recomiendo que no pagues de más en tus gestiones bancarias si puedes tener tu dinero en un sitio que te exija menos y te dé la misma garantía.

Consejo 19

AHORRA PARA TU JUBILACIÓN

Contar solo con la pensión de jubilación, puede suponerte problemas de supervivencia a partir de esa fecha. No confíes tu supervivencia futura solo a la seguridad social, hay otras alternativas que pueden complementar tu remuneración después de tu etapa laboral. Estudia e invierte en planes de pensiones y otras inversiones parecidas, para asegurar tu vejez.

Consejo 20

ANALIZA Y ESTUDIA SIEMPRE CON DETALLE TODOS LOS GASTOS QUE TE SUPONGA CUALQUIER INVERSIÓN NUEVA QUE ACOMETAS

Pueden hipotecar tu futuro. Si quieres comprarte un coche (por ejemplo), no solo debes informarte de su precio en el concesionario. También debes analizar; su consumo, el coste de las reparaciones y revisiones que necesita, el coste del seguro, cuánto cuesta cambiar cada rueda, si necesitas alquilar una plaza de garaje… No hay nada peor que comprarte un bien que luego no puedas mantener y disfrutar.

Piensa, además, que la mayoría de estos bienes pueden ser necesarios, pero no suponen una buena inversión, ya que pierden un elevado porcentaje de su valor económico, en muy poco tiempo. Nada más sacar tu coche nuevo del concesionario ya nadie te va a dar por él lo que acabas de pagar hace diez minutos.

Consejo 21

DEBES CONOCER Y ESTUDIAR TUS DERECHOS COMO CONSUMIDOR

Conocerlos te evitará algunos disgustos en contratos y compras que puedan tornarse problemáticas. Tarde o temprano nos encontramos en situaciones como éstas, así que no viene mal tener argumentos para rebatir las injusticias que se producen en el mercado.

Infórmate bien y defiende en todo momento tus derechos como consumidor. Reclama siempre que lo estimes justo y conveniente. Para ello puedes contar con la ayuda de diversas asociaciones muy fáciles de encontrar.

TERCERA PARTE:

¿DÓNDE RECORTAR?

A tener en cuenta…

Este apartado puede crear controversia. Ya que la simple palabra "recortar" nos lleva a pensar mentalmente en reducción de libertad y calidad de vida. Y quiero decirte antes de que empieces a leer mis consejos, que no es cierto. O, al menos, que no tiene por qué serlo.

El hecho de no saber administrar bien una economía nos ha llevado culturalmente (las administraciones de los países son las primeras en caer en esto) a gastar cantidades importantes de dinero en cosas que realmente no necesitamos para llevar un estilo de vida digno y de calidad. Parece que el "gastar por gastar" se ha metido tanto en nuestro estatus personal que cualquier modificación nos hace poner los pelos de punta.

Te sugiero que tomes estos capítulos como un reto y no como un atentado contra tu bienestar. Si consigues el entusiasmo adecuado, te puedo garantizar que con el dinero que ahorrarás, podrás disfrutar de la vida mucho más de lo que lo hacías antes.

Consejo 22

ESTUDIAR DÓNDE PODEMOS HACER RECORTES

Lo primero que debemos hacer es un estudio serio de dónde podemos recortar dentro de los distintos apartados: casa, comida, desplazamientos, ocio, etc.

Te recomiendo que te sientes, muy tranquilamente y sin prisas, con una libreta en la mano y que pienses y apuntes cada uno de los gastos susceptibles de ser reducidos. Luego ya elegirás, ahora céntrate en apuntarlos todos.

En los próximos consejos te daré algunas pistas que te pueden ser útiles.

Consejo 23

RECORTAR EN VICIOS; GANAS DINERO Y SALUD

Para mí debe ser el primer sitio donde reducir gastos: en los vicios. No solo te restan riqueza, sino también salud.

Si durante meses o años has pensado en dejar de fumar, dejar alguna droga (aunque sea menor), beber menos, o eliminar otra serie de vicios, como las compras, el sexo, los juegos…, éste es el momento. No solo te sorprenderás del dinero que ahorras a final de mes, sino que tu salud mejorará; en lo físico, si la adicción tiene que ver con lo físico, y en lo espiritual, si la adicción tiene que ver con lo psicológico. Ambas cosas harán que estés más saludable y feliz, y mucho más predispuesto a afrontar los retos de la vida, con lo cual es mucho más probable que las cosas te funcionen mucho mejor y puedas destinar tu energía a ganar más dinero y a disfrutar mucho más cada instante de tu existencia.

Consejo 24

REDUCIR LOS GASTOS DEL HOGAR AL MÁXIMO

Aunque te cueste creerlo, una casa es un pasivo, como bien nos ha enseñado Robert Kiyosaki a través de sus libros y conferencias. Por mucho que puedan subir de precio con los años, una casa resta dinero a tu economía, ya que tienes que pagar una hipoteca todos los meses, o un alquiler, pagar la comunidad y los innumerables pequeños gastos que derivan de la misma. Es importantísimo, por lo tanto, que intentemos reducir al máximo los gastos, sin restar valor aparente a nuestra calidad de vida.

Ahí entrarían los recortes de luz, gas, agua, teléfonos, arreglos, servicios de televisión, internet, gastos de comunidad y un largo etcétera que iremos tocando en este libro.

Consejo 25

RECORTES DE LUZ

La luz es una de las partidas de gasto más importantes del mes y donde más derrochamos innecesariamente por desconocimiento, dejadez y malos hábitos. Podemos reducir gastos de luz de la siguiente manera:

1. Con el uso de electrodomésticos A++.
2. Utilizando al máximo la luz sol.
3. Apagando SIEMPRE las luces de los sitios donde no estamos.
4. Usando de bombillas de bajo consumo.
5. Con cocinas de inducción.
6. Utilizando responsablemente los electrodomésticos: cuando sean necesarios y en su punto de rendimiento-gasto óptimo.
7. No dejando los aparatos conectados a la red eléctrica en "stand by".

En la sección de ahorro en el hogar, desarrollaremos estos puntos y algunos otros que te serán de utilidad.

Consejo 26

RECORTES DE AGUA

Al igual que con la luz, gastamos más en agua de lo que deberíamos. La mayoría de las veces por nuestra propia incompetencia. ¿Sabías que gastamos más agua y más luz fregando a mano, con el grifo caliente abierto, que utilizando el lavavajillas a carga máxima? Pues sí. Y muchas veces lo hacemos porque pensamos erróneamente que gastaremos menos.

El agua es un bien relativamente económico en la mayoría de países, aun así, deberíamos ser muy conscientes de que hay lugares del planeta donde su escasez provoca enfermedades y muertes diarias. Aunque solo fuera por eso, deberíamos tener una actitud más responsable en su uso, acostumbrarnos a utilizarla solo en los momentos en los que sea preciso, cerrando los grifos en los instantes que no la utilizamos, ya sea en la ducha o fregando, por ejemplo. Porque piensa una cosa: si el fin de utilizar el agua para ducharte es quedar limpio, también lo vas a conseguir si cierras el grifo en el momento en el que te estás enjabonando, ¿no?

En el apartado del hogar también verás modos directos en los que puedes reducir su consumo, ahora bastará con que tomes conciencia de la necesidad de ahorrar todo lo posible en este concepto.

Consejo 27

RECORTES DE TELEFONÍA MÓVIL Y FIJA

Este recorte precisará de algo básico: que estés atento a las evoluciones del mercado. Las diferentes compañías telefónicas sacan ofertas constantemente, en las que no te incluyen aunque seas su consumidor más fiel, ya que están destinadas a captar nuevos clientes. Debes informarte y solicitarlas. Y debes cambiar de compañía si lo crees necesario. En muchas ocasiones el ahorro de dinero mensual es enorme igualando condiciones o incluso mejorándolas.

La mayoría de las veces pasamos por alto estos constantes movimientos del mercado. Nos damos cuenta al cabo del tiempo porque vamos a renovar el contrato, porque algún amigo nos lo cuenta o porque nos hemos fijado en algún anuncio publicitario. Debes ser más activo en este punto y siempre estar a la última de lo que ofrezca tu compañía o las compañías rivales. Es tan fácil como apuntarte a que te informen, vía email, de las nuevas ofertas y echarles un vistazo cuando éstas lleguen a tu buzón de entrada.

Consejo 28

RECORTES EN SERVICIOS QUE REALMENTE NO UTILIZAMOS

¿Cuántas veces nos subscribimos a revistas, a televisión por cable, a gimnasios, etc..., y no leemos esas revistas, ni vemos los canales de esa tele ni pisamos las instalaciones del gimnasio? Pues en multitud de ocasiones, ya te lo digo yo. Tus ejemplos serán otros, pero desembocarán en el mismo punto: muchas veces adquirimos servicios que no utilizamos o que no utilizamos en proporción adecuada al dinero que nos cuestan. ¡Deshazte de ellos! Sin compasión ni miedo. Fuera. Si en "x" tiempo no le has dado valor, es que no merece la pena que dediques ni unos céntimos a ello. No hay dinero peor gastado que aquel que se dedica a bienes a los que no les sacas ningún fruto. Si logras comprar en las rebajas un pantalón de marca por solo diez céntimos y no te los pones nunca, serán los pantalones más caros de tu vida.

Haz una lista de todos los productos y servicios recurrentes a los que no les sacas el máximo provecho. Sé sincero y despiadado. Prescinde de lo que sea necesario.

Consejo 29

APRENDE A COMPARTIR GASTOS

Hay gastos que disminuyen drásticamente si sabes compartirlos adecuadamente con otras personas.

Ir al trabajo en el mismo coche, asociarse con algunos vecinos para adquirir conjuntamente un canal por cable, alquilar una casa rural en vacaciones entre varias familias, compartir el cortacésped con los vecinos, etc... ¡No lo dudes, todo gasto que puedas compartir, compártelo!

Consejo 30

APRENDE A ARREGLAR COSAS: CONVIÉRTETE EN UN MANITAS

Tener conocimientos de bricolaje, albañilería, carpintería, mecánica, electricidad, construcción, costura, mantenimiento de ciertos aparatos, jardinería, cocina, etc... te supondrá un ahorro considerable a lo largo de tu vida. Obviamente (a menos que tu profesión sea precisamente la de "manitas") no es preciso que seas capaz de solucionar todos y cada uno de los problemas que puedan surgir en tu casa, en tu coche, en tu vestimenta, etc... Pero si, al menos, consigues solventar los más corrientes y livianos ya estarás ahorrando una cantidad importante de dinero a lo largo del año. Aprender no ocupa lugar ¡y encima hace que tu economía mejore!

Consejo 31

SEGUROS, CONTRATOS DE SUMINISTROS, TVS DE PAGO Y OTROS GASTOS CONTRATADOS DEBEN REVISARSE CADA AÑO

No suele ser muy favorable a tus intereses mantener los mismos seguros y contratos por tiempos muy largos, al igual que te he comentado con tus contratos telefónicos. La competencia es tal que a veces una simple llamada a una nueva compañía de seguros, o de tv por cable, puede ser muy rentable a corto plazo

Consejo 32

AHORRA TAMBIÉN EN LOS GASTOS DE TUS MASCOTAS

¡Cuándo hay crisis en casa, hasta las mascotas deben sufrirla! El planteamiento debe ser igual para todos y cada uno de los habitantes de una casa: hay que recortar y ahorrar intentando no reducir calidad de vida.

Es cierto que las mascotas se suelen acostumbrar a un tipo de comida y a ciertos cuidados, pero si es necesario cambiar sus hábitos, lo harán en pos de su supervivencia. Así que si debes darle una clase de comida más económica y reducir en otra serie de elementos (corte de pelo, vacaciones en establecimientos especializados, juguetes y otros cuidados), no dudes ni un instante. Con el dinero que ahorrarás, en el futuro es muy probable que le puedas hacer regalos estimulantes que le hagan muy feliz.

Siempre que no reduzcas tu cariño y amor por ellos, las mascotas acatarán la mayoría de los recortes sin demasiada protesta.

CUARTA PARTE:

LAS COMPRAS

A tener en cuenta...

Éste es uno de los capítulos más importantes, ya que unas compras bien hechas repercutirán directamente en el ahorro y por lo tanto en el saneamiento de una economía doméstica. Normalmente cometemos muchos errores evitables a la hora de comprar, tanto si somos expertos compradores como si no lo somos.

Hay que tener en cuenta que la industria de la distribución se gasta millones y millones anualmente en estudios para saber cómo pensamos y actuamos, y con ello hacer la publicidad necesaria para engatusarnos y hacernos "desear" sus productos. Todos está estudiado, desde la luz, la colocación del material a la música que debe sonar en los establecimientos para incitarnos a comprar. Por esta razón debemos estar alerta y no caer en sus pequeñas "trampas". Tenemos que comprar, sí, pero solo aquello que necesitamos en cada momento de nuestra vida. Y eso, hasta que se demuestre lo contrario, solo deberíamos decidirlo nosotros.

Consejo 33

¡CUIDADO CON LAS OFERTAS!

Las ofertas son fantásticas. Fantásticas de verdad. Nos permiten comprar productos a unos precios reducidos durante un tiempo determinado. Pero no te engañes, todas las ofertas que lanzan los establecimientos son simples "caramelos" para que piques el anzuelo. A ellos no les interesa que vayas y que "solo" compres las ofertas. No, ellos esperan que "una vez que vas a comprar eso", ya compres otras cosas. Y esas cosas pueden estar más caras que en otros sitios, con lo cual el ahorro que tenemos por un lado puede convertirse en un exceso de gasto por otro. Nuestro lema debe ser: "comprar siempre solo lo que necesitamos y en el lugar donde se nos ofrezca una mejor relación calidad-precio".

Además hay otro aspecto a tener en cuenta: las ofertas muchas veces nos obligan a comprar más producto del que necesitamos. Me refiero, por ejemplo, a las típicas ofertas 3x2, pague 2 y llévese 3. Si nuestra economía lo permite y en un tiempo moderado consumimos el producto, perfecto. De lo contrario, deberíamos renunciar, ya que nos hace comprar mucho más de lo que necesitábamos. Vuelvo a lo mismo, a la máxima que debes hacer tuya: **"solo hay que comprar lo que se necesita, más allá de los precios"**.

Hacer compras innecesarias va en contra del equilibrio de nuestra economía doméstica. Por esa razón, aprovéchate tanto como puedas de las ofertas, pero con cabeza, dentro de lo establecido en tus objetivos; y por mucho que te cueste di "NO" (sí, en mayúsculas) cuando no se adecue a tus necesidades. Piensa que si caes en la trampa, ganan ellos, no tú. Y aquí de lo que se trata es de que ganes tú siempre, que tú tengas el control de lo que entra en tu casa y del precio que estás dispuesto a pagar por ello.

Truco para las ofertas 3x2: contactar con familiares, amigos o vecinos de confianza y dividir el importe entre varios. De esta manera todos podéis acceder a la promoción y salir beneficiados.

También tienes que mirar si dentro del rótulo de promoción hay algún asterisco, pues si lo hay, debes buscar la letra pequeña que tiene la oferta. Quizá esa letra pequeña te depare "sorpresas" que no esperas y de las cuales no te des cuenta hasta que llegues a línea de caja; cuando muchas veces, por simple vergüenza, ya no dejaremos el producto y nos lo llevaremos a casa, aun conscientes de que no hemos hecho una buena compra por no haber leído todo atentamente.

Otra cuestión a reseñar es la utilización en las ofertas de la palabra gratis. Es una palabra milagrosa, pues todos dirigimos nuestra mirada cuando nos topamos con ella, ejerce más influencia en los humanos que la miel en las abejas. No te dejes engañar, nada es gratis y todo tiene un costo. Sin embargo, nos seduce muchísimo la idea de pensar que nos darán algo a costo cero. No existe tal costo cero, nos darán algo a cambio de que compremos otra cosa. Ahí es donde tenemos que pensar fríamente y decidir si esa otra cosa la necesitamos o no, y si haciendo la suma total de todo nos sale a cuento realizar la compra. No pienses en lo que te regalan, piensa en el conjunto, en el costo total y en la necesidad, o no, que tengas de estos productos en promoción.

Mi consejo general con respecto a las ofertas es que **no compres nunca por impulso.** No compres ese día (a menos que sea imprescindible que lo hagas), vete a casa y piensa fríamente si lo necesitas y si está dentro de los parámetros de tu presupuesto. No te dejes llevar. Las casas de todo el mundo están llenas de productos que no utilizamos para nada y que en alguna ocasión "nos colaron" por comprar impulsivamente. Nos ha pasado a todos. Desde ahora tienes que ser más consciente de este tipo de situaciones y lidiarlas creativamente. Respira, vete a casa y si mañana o pasado sigues pensando que es una buena opción, compra. Al menos habrás roto la dinámica de lo inmediato.

Consejo 34

LISTA DE ELEMENTOS DE PRIMERA NECESIDAD

Para tener muy claro en qué debemos invertir nuestro dinero, tendrás que hacer una lista de los elementos que tú consideres imprescindibles y/o de primera necesidad. Es decir, aquellos sin los cuales tu vida diaria dejaría de ser digna y/o se pondría en serio peligro. Aquí añadiríamos: agua, leche, legumbres, verduras, fruta, ropa mínima, luz, alojamiento, transporte básico, médico (si no lo cubre tu seguridad social), entre otros muchos que puedas elegir tú. De lo que se trata es que hagas una lista de lo que sería imprescindible para ti, a lo que no podrías renunciar sin que mermase tu calidad de vida. Para unos esta lista será muy larga y para otros muy corta; para unos se limitará a las cosas sin las cuales moriría y para otros se incluirían elementos como internet o tabaco, aun siendo totalmente prescindibles para la existencia humana.

Cada cual debe tener sus prioridades. Eso sí, cuando tengamos un presupuesto, éste debe ser el que mande y tendremos que ajustarnos a las necesidades imperantes. Sin embargo, **hacer esta lista te ayudará a saber qué cosas deseas siempre a tu lado, a las que no renunciarías o a las que renunciarías en última instancia,** cuando ya no tuvieses otra opción.

Consejo 35

LISTA DE PRODUCTOS SUPERFLUOS

También te recomiendo hacer una lista de elementos superfluos, que serían aquéllos de los que sí podemos prescindir en el caso de no nos alcance el dinero. A mí me gustan los helados, por ejemplo, o ir al teatro o viajar, pero sé que si mi economía en ese mes no me lo permite; son cosas de las que puedo abstenerme sin que haya un grave prejuicio. ¡Claro que las quiero conmigo todos los meses! Pero cuando no se puede, no se puede... Me hacen la vida más agradable, mas no son necesarias e imprescindibles.

Confeccionar una lista como ésta te ayudará a saber rápidamente por dónde empezar los recortes, en un mes donde llegar a los días finales se está convirtiendo en un calvario.

De lo que se trata es de pensar con anticipación y prever las posibles soluciones a los problemas que nos puedan surgir. Conocer al enemigo es tener media batalla ganada. Y la lista que vas a hacer contiene todas las cosas que te proporcionarás siempre y cuando tu balance económico personal lo permita.

Haz la lista lo más amplia y detallada posible, y tenla a mano para cuando sea preciso. Después compárala con la lista de elementos necesarios. Lo importante es que aprendas, sin lugar a dudas, a diferenciar entre necesarios y prescindibles, y que lo tengas clarísimo para no cometer errores a la hora de ir a comprar e invertir tu dinero.

Consejo 36

PIENSA QUE LAS COSAS NECESITAN MANTENIMIENTO

Cada objeto que compres requiere que lo mantengas. Piensa en ello antes de comprarlo. Piensa en los costes que supone. En el tiempo de dedicación que necesita. Un mal mantenimiento, puede acarrear reparaciones o sustituciones muy costosas.

Consejo 37

COMPARAR PRECIOS ANTES DE COMPRAR

Hace unos años se puso de moda un eslogan publicitario que rezaba: "busque, compare y si encuentra algo mejor, cómprelo". Es un lema que toda persona debería grabarse a fuego lento para aplicarlo todos y cada uno de los días, ya que la efectividad a la hora de comprar es uno de los elementos más importantes para conseguir una buena estabilidad económica.

No compres todos los productos que necesites en un mismo lugar. Lo que está en oferta en un sitio, no lo está en el de enfrente, pero éste tendrá otras ofertas diferentes, que te pueden interesar. Como todo en la vida, tiene que haber un equilibrio y lo que tienes que hacer es organizarte para comprar una serie de cosas en unos establecimientos y otras en otros. No tendría mucho sentido recorrer kilómetros y kilómetros por ahorrar unos céntimos, ya que tu tiempo y los demás gastos añadidos superarían los beneficios del ahorro. Tienes que utilizar la cabeza y convertirte en un experto. Saber qué tipo de productos nos conviene comprar en un sitio o en otro es una maestría que se coge con el tiempo, y tú lo conseguirás, sin mayor problema, si te lo apuntas y estás siempre atento a los precios que hay en los distintos sitios donde compras. Llevarlo anotado ayuda.

Cada establecimiento se especializa en unos determinados productos y es en ellos donde consigue ser más competitivo. Por lógica, tienen que especializarse en productos diferentes, para no luchar con la competencia en una guerra indiscriminada de precios que les perjudicaría. ¡Aprovéchalo! Es imposible que todos se especialicen en lo mismo, deben tener ofertas diferentes, para que los precios no bajen tanto.

En definitiva lo que tienes que hacer, es buscar y buscar el mejor precio dentro de la calidad que deseas y comprar organizándote todos los desplazamientos para que cada uno de ellos compense el esfuerzo.

Consejo 38

HACER UNA LISTA DE COSAS QUE NECESITAS ANTES DE SALIR DE COMPRAS

Consejo IMPRESCINDIBLE. Es del manual del buen ahorrador: ¡Nunca compres de cabeza! Si lo haces comprarás más de lo que necesitas, sin ton ni son, estimulado por los impulsos del momento; ten en cuenta que los establecimientos de venta están preparados para seducirte con mil y un estímulos. Para solventarlos sin que nos afecten deberás elaborar una lista de tus necesidades y ceñirte a ella.

Haz esta lista en casa, tranquilamente. Puedes haber ido añadiendo productos a lo largo de la semana, a medida que fueses percibiendo su falta, y después hacer un repaso general antes de ir a la compra. Con el tiempo aprenderás a ser un experto en este manejo y no se te olvidarán cosas importantes en la elaboración de la lista. Confiarás en ti y eso eliminará el mayor peligro de todos: el de ir deambulando por los pasillos por si ves algo que se te haya olvidado apuntar. Nunca hagas esto, compra solo lo que lleves anotado. Confía en ti. No des una vuelta "por si acaso...". Siempre acabarás comprando más de la cuenta, se te antojarán productos que no necesitas en ese momento o que no puedes permitirte. Prohibido.

Consejo 39

COMPRAR MARCAS BLANCAS

De unos años para acá están proliferando las denominadas "marcas blancas" o "marcas genéricas", que serían las comercializadas bajo la marca propia de la cadena de distribución o establecimiento donde estamos comprando, pero que elabora un tercero por encargo. Hoy en día casi todas las grandes superficies tienen su "marca blanca", con la que ofrecen una muy buena variedad de productos, que a veces igualan en calidad a otros productos de marcas reconocidas, a muy buen precio. En realidad son esas marcas reconocidas las que fabrican el producto con un etiquetado diferente, a veces con una calidad similar y otras con una calidad algo inferior. Esto las convierte en un gran reclamo para el consumidor, pues tienen casi la misma categoría a un precio mucho más reducido.

Te recomiendo que las pruebes poco a poco, una a una, a fin de localizar las de buena calidad, que las hay y son muchas. Cada vez que encuentres una de calidad, hazte fiel a su consumo, podrás conseguir a la larga un importante ahorro, ya que el precio se reduce a veces hasta la mitad e incluso algo más. Tu economía lo notará positivamente, y las prestaciones serán las mismas o casi las mismas.

Ahorrar en un producto la mitad del precio que estás acostumbrado a pagar es mucho, muchísimo... aunque el producto no cueste más que unos pocos céntimos. Recuerda siempre esto. ¡Imagínate la impresión que te causaría que un concesionario te vendiese tu coche preferido por la mitad de su precio en catálogo! Es el mismo chollo, solo que a una escala diferente.

Consejo 40
REVISA EL TICKET DESPUÉS DE LA COMPRA

Nuestras madres suelen hacerlo, nosotros hemos perdido esta costumbre. Te recomiendo que empieces a revisar tu ticket después de cada compra tú también. Puede parecer una tontería y una pérdida de tiempo, pero no lo es; te sorprendería conocer los miles de errores de cobro que hay a lo largo del día, sobre todo en supermercados. Has de tener en cuenta que existen los errores humanos y que en esta serie de establecimientos se bajan los precios constantemente de un día para otro, y que en muchas ocasiones, por despiste, no los llegan a registrar informáticamente, con lo cual cuando pasan el producto por el lector leen el precio anterior y no el que tú has visto en las estanterías.

Ten cuidado. Uno piensa que no le sucederá nunca, pero pasa y tarde o temprano te puede pasar a ti. Quizá solo sean unos céntimos, quizá unos euros... Unos céntimos o euros que son tuyos y que te vendrán muy bien para llegar a fin de mes.

Consejo 41

LLEVA TUS PROPIAS BOLSAS

Ahora en la mayoría de los establecimientos te cobran las bolsas de plástico, con la idea de concienciar a la sociedad sobre la necesidad de reducir residuos tóxicos. Por ello si quieres ahorrar y no tener que pagar unos céntimos en cada compra, lleva tus bolsas de casa (a ser posible de tela o imitación al plástico que son más ecológicas). También puedes llevar un carrito con ruedas, son muy prácticos y si llevas mucho material es lo más cómodo.

Consejo 42

FRECUENTA LOS OUTLETS

De reciente aparición, cada vez están más de moda. Puedes encontrar artículos de marca con descuentos de entre el 30% y el 70%, a veces incluso más. Las marcas de lujo, cada vez se apuntan más a esta nueva opción, ofreciendo sus artículos (los que no tuvieron salida en la distribución tradicional y los de temporadas anteriores) con unos descuentos más que interesantes. Hay que buscar algo más de lo habitual, pero compensa con creces.

Consejo 43

UTILIZA EL MERCADO DE SEGUNDA MANO

A veces es una opción más que excelente. Puede suponerte ahorros importantes en algunos tipos de compras. Asegúrate que no te dan gato por liebre y evalúa si te merece la pena el ahorro que supone. Internet lo facilita y existen tiendas especializadas.

QUINTA PARTE:

LA ALIMENTACIÓN

A tener en cuenta...

No sorprenderé a nadie si digo que una buena alimentación incluye siempre la variedad, en productos y en preparados. Debemos convertirnos en unos especialistas a la hora de comprar, cocinar y almacenar. Los tres aspectos son importantes, y bien gestionados pueden hacer que tengamos una salud fantástica y una economía todavía mejor. Dos elementos que nunca deberíamos descuidar.

No es lícito que comamos peor en pos de una economía más saneada, como tampoco lo es que gastemos más dinero en comer de lo que nos permite nuestro presupuesto. El equilibrio es fundamental.

En esta serie de consejos tocaremos todos los puntos que te puedan ayudar a adquirir maestría en el arte de llevar a nuestros platos lo mejor al mejor precio.

Consejo 44

EVITA LAS COMIDAS FUERA DE CASA

Sinceramente, desayunar, almorzar o cenar fuera de casa con regularidad es un sobregasto de dinero que deberías evitar si quieres llegar a fin de mes con cierta soltura. Además, en la mayoría de las ocasiones comer fuera implica comer peor. Se abusa de las grasas saturadas, en cruasanes y demás bollería industrial, y del resto de la comida basura.

Muchas veces la gente se engancha a desayunar o almorzar fuera de casa por no levantarse un poco antes para preparar comida, o por alternar con amigos o compañeros de trabajo. Procura encontrar otros momentos para hacerlo; crear está dinámica perjudica a tu bolsillo y a tu salud. Si no me crees calcula lo que puedes llegar a gastar cada mes en estos casos, seguro que la cifra te dejará un tanto sorprendido. Con esa cantidad podrías hacer otras muchas cosas al cabo de las semanas, estirando sabiamente el dinero y llegando a fin de mes con más desahogo.

Si consideras que para tu vida social es importante llevar esta rutina, mi consejo es que sigas haciéndolo. Pero reduce. En días y en cantidad. Igual podrías ir un día sí y un día no. O ir todos los días pero solo tomar un café o un té en lugar de un desayuno completo, buscar restaurantes más económicos, que tengan ofertas especiales en ciertos días de la semana... Así seguirás con tu rutina social, comiendo mejor y ahorrando unos euros.

Consejo 45

SI COMES FUERA, VUELVE A LA TUPPERMANÍA

Si por tu trabajo o por decisión propia tienes que comer siempre fuera de casa, vuelve a la moda del tupperware. Es decir, a prepararte en casa las comidas con anterioridad, por la mañana o el día antes, y llévala en un tupper que puedas transportar cómodamente. Si tienes que calentar la comida, esta serie de recipientes son los idóneos, pues se pueden meter en los microondas sin ningún inconveniente. Microondas que encontrarás en tu trabajo, seguramente, pues de un tiempo a esta parte en casi todas las empresas que trabajan mañana y tarde suelen facilitar esta serie de utensilios. Si no es así, siempre podrás pedir que te lo calienten en algún establecimiento conocido, no creo que tengas problemas en este sentido.

Consejo 46

PLANIFICA TUS COMIDAS

Planificar las comidas de la semana ahorra tiempo y dinero. Tiempo porque no tienes que pararte a pensar qué cocinar en el último momento, sino que tendrás un planning que te dirá que tienes que comprar, sacar y/o preparar. Y dinero porque cuando uno sabe qué va a cocinar compra lo que necesita y no deambula pasillo arriba, pasillo abajo, para ver qué le apetece comer ese día. De esta manera se suele comprar mucho más de lo que se necesita, con el consiguiente agravio para nuestra economía doméstica.

Planifica, organízate en un simple papel lo que vas a comer durante cada uno de los días de la semana. Unos días tendrás que cocinar, otros simplemente sacar la comida del frigorífico o del congelador. En cualquier caso sabrás con un tiempo de antelación cuánto dinero (aproximado) te vas a gastar en comida esa semana o ese mes.

Consejo 47

COMPRA SEGÚN NECESIDADES, NO POR RUTINA SEMANAL O MENSUAL

Si ya te has familiarizado con el planning de comidas, te costará muy poco adecuarte a comprar según lo que vayas a cocinar. Esto evitará que lleves una rutina establecida de compras de alimentación semanal, quincenal o mensual. No debes ir a la compra porque te toca ir a la compra, debes ir porque hace falta, porque necesitas los productos para las comidas que has estipulado para esos días.

Habrá semanas que irás tres veces y meses en los que apenas pisarás los mercados o supermercados. Tu planificación será la que marca el ritmo. Comprar no debe ser un vicio, sino una acción de necesidad.

COMPRA SOLO LO QUE NECESITES.

Consejo 48

COMPRA EN DISTINTOS SUPERMERCADOS

No es recomendable comprar en un único sitio. Los supermercados suelen tener ofertas específicas y muy diferentes de uno a otro. Si te acostumbras a comprar en 3 o 4 supermercados distintos, a la larga te irás familiarizando con las ofertas que suele ofrecer cada uno (que son de artículos muy diferentes). Te darás cuenta de que uno es más competitivo en lácteos, otro en limpieza, otro en carnes, frutas…

Por lo general, un súper tiene unas ofertas determinadas muy atractivas para que el público vaya por ellas, pero el resto de sus artículos (los que no están en los sitios de preferencia) suelen estar al precio habitual o incluso algo más caros, para compensar lo que pierden con las ofertas.

Da algo de trabajo, pero compensa, pues puedes ahorrar entre el 15% y el 35%, a veces más.

Consejo 49

SI ENCUENTRAS MUY BUEN PRECIO: COMPRA Y CONGELA

Si encuentras un precio excelente en el producto que vas a comprar y puedes permitirte un gasto algo mayor, aprovecha y realízalo; después congela la parte que no vayas a utilizar en ese momento. Quizá te estés gastando un poco más de lo estipulado, con lo cual estás perjudicando tu economía, pero piensa que el mes que viene o el otro podrás disfrutar otra vez un producto que has conseguido a muy buen precio, con lo cual al final, acabas ganando.

Debes informarte sobre la manera más eficiente de congelar cada producto, para maximizar la calidad final del mismo. Tu proveedor seguro que sabe aconsejarte.

¡OJO! Esto solo se puede hacer si no sobrepasamos el gasto que tenemos estipulado. Nunca se debería gastar más de lo que se espera, ésa es una práctica peligrosa que convertida en rutina es lo que destroza a las familias que no saben administrarse. Cuidado con esto.

En muchos supermercados bajan los precios de algunos productos por debajo de su precio de costo, si éstos van a caducar en los próximos días. Si puedes consumirlos dentro de la fecha, es una opción bastante válida, pues todavía se conservan la gran mayoría de nutrientes y la calidad.

Consejo 50

LEGUMBRES, VERDURAS, FRUTAS DE TEMPORADA

En cualquier casa debería haber una gran variedad de verduras, legumbres y frutas. No solo porque es el alimento más sano que podemos llevarnos a la boca, sino también porque es el más económico si se compra en temporada.

Hay que tener en cuenta que estos productos son los más naturales y de ellos ya nos alimentábamos hace millones de años. Los donuts, las pizzas o las hamburguesas son comidas inventadas por el hombre. Puede que estén buenas de sabor, pero no deja de ser un sabor artificial al que el ser humano se tuvo que acostumbrar. Está bien que te alimentes de lo que más te guste, pero piensa que lo más sano para ti siempre será una alimentación rica en verduras, legumbres y frutas. Por eso, comas lo que comas, que no te falte ninguno de estos productos nunca, aunque sean un simple complemento. Oblígate al principio si no eres demasiado fan, con el tiempo ya verás como le coges el gustillo y te los comes por el mero placer de hacerlo.

Bien comprados, son muy baratos. Cualquiera de ellos en temporada sale a un precio irrisorio si lo comparamos con los precios de pescados, carnes o comidas basura. El quid de la cuestión es surtirse bien de la fruta o de los vegetales que, por ser su tiempo, hay sobreabundancia y están muy baratos. Recuerda que cuando hay producto en cantidad, su oferta es amplia y su precio baja considerablemente. Un producto como por ejemplo el marisco, es más barato en octubre que en mayo, porque en octubre es más fácil conseguirlo. Así de simple.

Frutas de temporada

	ENE	FEB	MAR	ABR	MAY	JUN	JUL	AGO	SEP	OCT	NOV	DIC
Aguacate					•	•	•	•	•	•	•	
Albaricoque				•	•	•	•	•	•			
Arándano						•	•	•	•	•	•	•
Alquenje									•	•	•	•
Breva						•	•					
Caquis	•								•	•	•	•
Cereza			•	•	•	•						
Chirimoya	•								•	•	•	•
Ciruela					•	•	•	•	•			
Coco	X	X	X	X	X	X	X	X	X	X	X	X
Frambuesa					•	•	•	•	•			
Fresa / Fresón		•	•	•	•	•						
Granada									•	•	•	•
Grosella									•	•		
Higo						•	•	•	•	•		
Kiwi	•	•	•	•					•	•	•	•
Limón	•	•	•	•	•	•				•	•	•
Mandarina	•	•	•	•						•	•	•
Mango							•	•	•	•	•	
Manzana	•	•						•	•	•	•	•
Melocotón					•	•	•	•	•	•		
Melón					•	•	•	•	•	•		
Membrillo	•	•							•	•	•	•
Mora									•	•		
Naranja	•	•	•	•	•					•	•	•
Níspero			•	•	•	•						
Paraguaya						•	•	•				
Pera						•	•	•	•	•	•	•
Piña	X	X	X	X	X	X	X	X	X	X	X	X
Plátano	•	•	•	•	•	•	•	•	•	•	•	•
Pomelo	•	•	•	•	•						•	•
Sandía							•	•	•	•	•	•

	ENE	FEB	MAR	ABR	MAY	JUN	JUL	AGO	SEP	OCT	NOV	DIC
Acelgas	X	X	X	X	X	X	X			X	X	X
Ajo	X	X	X	X	X	X	X	X	X	X	X	X
Alcachofas	X	X	X	X						X	X	
Apio	X	X	X	X	X						X	X
Batata										X	X	X
Berenjena	X	X	X	X	X	X	X	X	X	X		
Berros	X	X	X	X	X						X	X
Boniato										X	X	X
Brécol	X	X	X	X								
Calabacín	X	X	X		X	X	X	X	X	X		
Calabaza							X	X	X	X		
Cardo												X
Cebolla		X	X	X	X	X	X	X	X			X
Col de Bruselas	X	X	X								X	X
Coliflor	X	X	X	X						X	X	X
Champiñón	X	X	X	X	X							
Endivia	X	X	X	X							X	X
Escarola	X	X	X								X	X
Espárragos Tri.			X	X	X	X						
Espárragos Bl.				X	X	X						
Espinacas	X	X	X	X	X							X
Grelos	X	X	X	X	X							X
Guisantes		X	X	X	X	X	X					
Habas		X	X	X	X	X						
Judías Verdes	X	X	X	X	X	X	X	X	X			
Lechuga	X	X	X	X	X	X	X	X	X	X		
Lombarda	X	X	X								X	X
Nabo	X	X	X	X							X	X
Níscalos										X	X	X
Patata	X	X	X	X	X	X	X	X	X	X	X	X
Pepino	X	X	X	X	X	X	X	X	X			
Pimiento Rojo									X	X	X	
Pimiento Verde	X	X	X	X	X	X	X	X	X			X
Puerro	X	X	X	X							X	X
Rábano					X	X						
Remolacha	X	X	X	X	X	X		X	X			
Repollo	X	X	X	X						X	X	X
Tomate	X	X	X	X	X	X	X	X	X	X		
Zanahoria	X	X	X	X	X	X	X	X		X	X	

Consejo 51

NO ES NECESARIO COMER CARNE O PESCADO TODOS LOS DÍAS

Parece que si no comemos carne todos los días no nos estamos alimentando bien. Y eso es mentira, el ser humano necesita más las verduras, legumbres y frutas que cualquier otra cosa, ya que le aportan todas las vitaminas, proteínas, carbohidratos, azúcares y minerales que el cuerpo necesita. No obstante, es bueno tener una dieta variada donde la carne y el pescado aparezcan, sobre todo este último, el cual nos aporta muchos más beneficios y es más saludable.

Sin embargo, estos productos no son baratos y dentro de nuestra economía deberemos valorar su compra según se presente nuestro presupuesto semanal. Hay que comprar carne y pescado sin propasarse. Y es mejor la carne blanca que la roja, es más económica y bastante más sana.

Los pescados, tanto azules como blancos, deben formar parte de una dieta equilibrada. Los azules suelen ser más ricos en nutrientes y en ácidos omega 3 que los blancos, sin embargo, absorben de manera más fácil los tóxicos, como el mercurio, por lo que no es aconsejable abusar de su ingesta. Con moderación casi todo es bueno.

Al ser productos que cuestan algo más, debes tener mejor ojo a la hora de comprar. Nunca se sabe dónde encontrará uno el mejor precio, en tiendas de barrio, mercados o grandes superficies. Busca bien y compra mejor.

Consejo 52

COME MEJOR, ELIMINA LA COMIDA BASURA

Si te propones llevar una dieta mediterránea, es decir, variada y rica en productos nutritivos, notarás como poco a poco tu economía mejora y además como tu cuerpo deja de demandar la ingesta de comida basura. Como explica Jon Gabriel en su método para aprender a comer mejor, muchas veces comemos a deshoras y de forma compulsiva grandes cantidades de comida chatarra porque no le damos a nuestro cuerpo los nutrientes que necesita para funcionar correctamente. Comemos más porque tenemos hambre de aportes nutritivos. Aunque pesemos 120 kgs. y hayamos merendado hace una hora. La bollería industrial o las pizzas nos ofrecen muchas calorías y muy pocos nutrientes, lo cual descompensa la balanza.

Por eso, comer bien va a hacer que comas menos, y que por lo tanto, gastes menos. Conciénciate. La alimentación es uno de los puntos fundamentales para tu economía, no solo por el costo, también porque dependiendo de lo que comas rendirás más o menos.

Consejo 53

NO VAYAS AL SUPERMERCADO CON HAMBRE

Un pequeño truquito a tener en cuenta: nunca vayas a comprar con hambre. Si lo haces, tenderás a comprar más de lo que deseas, porque verás productos y te imaginarás su sabor y eso te provocará antojos. Comprarás por impulso. Está demostrado.

Consejo 54

NO TE QUEDES CON LOS PRODUCTOS QUE ENCUENTRES A NIVEL DE LOS OJOS

Normalmente nos expondrán los productos que más les interesan vender a nivel de los ojos. Busca arriba y abajo. Sé un sabueso para encontrar el mejor producto al mejor precio. Y aunque veas lo que necesitas a un precio razonable, echa un vistazo final, siempre puedes encontrar otro producto con una mejor relación calidad-precio.

Consejo 55

MIRA EL PRECIO POR KILO, NO POR UNIDAD DE PRODUCTO

Otra manera de engatusarnos es poniéndonos el precio del producto sin hacer mención a su peso o volumen.. Me explico. A veces uno piensa que el bote de tomate A es tan competitivo como el bote de tomate B. Cuesta un poquito más, pero es de marca. Sin embargo, resulta que el contenido de A es un 20% menor que el de B, aunque aparentemente no lo parece.

Por esa razón te recomiendo que siempre compares el precio por kilo o por litro, que suelen venir indicados en pequeñito en la etiqueta. Así evitarás sorpresas.

Consejo 56

¡NO VAYAS A COMPRAR CON NIÑOS!

Ir con niños a comprar es igual que ir con hambre, al final siempre acabas comprando más de lo que necesitabas. ¿Por qué? Los niños son antojadizos y siempre lucharán contra viento y marea (lloros, gritos, pataletas) para que les compres lo que se le ha metido entre ceja y ceja. Así que, dentro de tus posibilidades, evita ir de compras con niños de cualquier edad. Y si no tienes más remedio que ir acompañada, instrúyeles desde el primer momento, para que entiendan lo que realmente significa el proceso de compra.

Consejo 57

APUESTA POR LAS RECETAS DE BAJO COSTE

Hay cientos de recetas riquísimas, nutritivas y muy sanas que no suponen un sangría para tu bolsillo. Es cuestión de echarle imaginación y buscar la información necesaria en libros, internet, televisión... Hoy en día en cualquiera de estos medios encontrarás un abanico inmenso de recetas que se convertirán en tu mejor herramienta para fomentar el ahorro y la salud. Te animo a que saques al cocinero que llevas dentro, que investigues un poco y que no dejes de practicar hasta que te conviertas en un experto en estas lides.

Consejo 58

COCINA EN GRANDES CANTIDADES Y CONGELA

Una vez que te pones a cocinar, es mejor que lo hagas de forma que puedas aprovecharlo en más de una ocasión, así maximizarás el resultado de tu esfuerzo y dedicación. Ahorrarás tiempo, dinero, energía (gas y luz), agua y productos.

Si solo cocinas para ti, aumenta la cantidad para tres personas y congela dos raciones para otro día. Si cocinas para cuatro, hazlo para ocho y disfrutaréis de una ración extra más adelante. Para ti el esfuerzo es prácticamente el mismo y el beneficio se multiplica, reduciendo los costes significativamente. Para ello debes dominar el arte de la congelación y conservación de los alimentos.

Consejo 59

LAS COMIDAS CRUDAS AHORRAN ENERGÍA Y SON MUY SANAS

Los alimentos crudos son sanos, muy sanos, entre otras cuestiones porque suelen mantener sus propias enzimas para la digestión, elementos esenciales para el perfecto funcionamiento de nuestro organismo. Estas enzimas se pierden, en la mayoría de ocasiones y productos, a la hora de cocer o freír debido a que son muy sensibles al calor.

Las personas que suelen comer abundante comida cruda tienen una piel más joven, tersa, sana, desprenden energía y buen humor, a la vez que enferman mucho menos que nosotros. ¡Y eso es maravilloso! ¡Sobre todo porque además gastan mucho menos en cocinar!

Si a ti no te gustan mucho las ensaladas, frutas, sushi, frutos secos y el resto de comida cruda, te animo a que al menos le dediques un día a la semana. Menos es nada. Ahorrarás un poquito y tu economía se volverá algo más fuerte.

Consejo 60

NUNCA TIRES COMIDA, CALCULA BIEN LAS CANTIDADES Y APROVECHA LAS SOBRAS

Tirar alimentos en buenas condiciones está prohibido dentro de una economía de subsistencia. También está prohibido permitir que esos alimentos caduquen o se estropeen por el paso del tiempo. Estadísticamente se sabe que muchos hogares tiran a la basura un 30% de sus compras en comestibles (antes y después de elaborarlas).

Nada puede caducar y nada podemos dejar de lado porque no nos guste. Si lo hemos comprado es que nos gusta. Y si lo hemos hecho "por probar algo nuevo", tenemos la obligación moral de comérnoslo esta vez. Podemos cocinarlo de forma diferente e imaginativa. Seguro que encontramos la manera de no desperdiciarlo, como, por ejemplo, hacer otras comidas con esos ingredientes o "sobras".

Consejo 61

SÉ CREATIVO,
COCINA APROVECHANDO LO QUE TENGAS

Cuando tu presupuesto se agota en los últimos días del mes, llega el momento de ser creativo en la cocina e inventar delicias con aquello que tengamos en la despensa. Puede que al principio te salgan platos rarísimos, y poco acertados, pero te aseguro que cuando le cojas el gustillo, tendrás éxito y te darás cuenta que es un método absolutamente fabuloso para probar sabores diferentes a los habituales. No realices ninguna compra adicional. Cuando llegues a principios de mes de esta manera, te sentirás especialmente orgulloso por haber tenido la suficiente inventiva para subsistir sin hacer uso de más recursos.

Consejo 62

CÓMO AHORRAR
EN LAS COMIDAS DE NAVIDAD

Ahí van algunos consejos que te pueden ser muy útiles para ahorrar en la fecha del año que más gastamos en alimentación: la Navidad.

1. Piensa y planifica muy bien qué vas a preparar, qué necesitas (para que sobre lo justo y necesario) y dónde es mejor comprar cada uno de los productos.

2. Compra con mucha antelación y congela. En Navidad los precios de los alimentos se disparan desproporcionadamente. Cuanto mayor sea la antelación, mayor será el ahorro.

3. Evita, en la medida de lo posible, sobrecargar tu compra de productos de lujo, son lo que más suben.

4. Utiliza tu imaginación para preparar platos exquisitos y poco comunes en tu dieta, y que sean económicos. Encontrarás cientos de recetas en internet y en libros especializados.

5. Procura no tener la comida (dulces o cualquier otro producto de impulso) cerca de la vista. En estas fechas consumimos más en gran medida porque tenemos alimentos de antojo constantemente delante de nuestros ojos.

6. Consume pollo, cerdo o pescado azul. Apenas ven incrementado su precio en estas fechas navideñas, puesto que son los alimentos que más consumimos a lo largo del año.

SEXTA PARTE:

LA CASA

A tener en cuenta...

Como ya te he comentado, la casa debe ser uno de los principales elementos donde recortar gastos y maximizar el rendimiento de nuestro dinero. En esta serie de consejos intentaré darte un amplio abanico con el que seas capaz de empezar esta tarea. No te preocupes si no puedes poner todos en práctica el primer mes, lo importante es que poco a poco vayas cogiendo la dinámica de ahorro y austeridad dentro de los límites de tu hogar. Si vives con más personas, que es lo habitual, esto a veces se convierte en un doble reto, ya que si uno hace mil esfuerzos por ahorrar, otros parece que tienen agujeros en sus manos por donde se escapa todo el dinero.

De casa para dentro podremos reducir gastos fácilmente sin recortar calidad de vida, pues en muchas ocasiones gastamos en cosas superfluas e innecesarias que no incrementan nuestro estatus ni nuestro bienestar.

Consejo 63

UTILIZAR ELECTRODOMÉSTICOS Y BOMBILLAS DE BAJO CONSUMO

¿Qué significa que un electrodoméstico se califique como A+++? Pues simple y llanamente que cumple con las mismas funciones con un costo energético menor. En este sistema europeo de medición se podrían encontrar tres tipos de aparatos de alta eficiencia energética: A+, A++ y A+++; siendo este último el que mejor rendimiento produce teniendo en cuenta su reducido gasto energético. Hay que saber que un frigorífico de clase A+++ consume hasta un 80% menos de energía que uno de clase D. Siendo los F y G los que peor rendimiento presentan.

La tendencia del mercado es que desaparezcan poco a poco todos los tipos inferiores y que los fabricantes se centren en producir electrodomésticos de clase A o superior. Hasta que eso pase, seremos nosotros, los consumidores, los que tendremos que optar por comprar el que más nos convenga. Y según mi criterio, siempre, en igualdad de condiciones, uno debería elegir un producto de bajo consumo, aunque inicialmente sea un poquito más caro, ya que a la larga nos ahorrará dinero en nuestra factura mensual. Has de tener en cuenta que los electrodomésticos son los artículos que más luz consumen.

De igual modo, las bombillas de bajo consumo serían las que deberíamos elegir para que iluminen nuestra casa. Tardan un poquito más en alumbrar, porque deben calentarse para rendir al máximo potencial, pero una vez que están en pleno rendimiento alumbran incluso más que las de consumo elevado y suelen tener una vida más longeva. También debes saber que no todas las bombillas de bajo consumo son iguales. Te propongo aquí un pequeño experimento. Para tu lámpara de dos bombillas, utiliza dos de bajo consumo de similares características y potencia, una de ellas, por ejemplo, de fabricación alemana y la otra elaborada en China. Compara el resultado y elige en consecuencia. Algún día me agradecerás este consejo.

Por todas estas razones, te diría que no dudes, y que cuando necesites cambiar algún electrodoméstico o alguna bombilla, optes por hacer una inversión rentable, que te suponga beneficios a medio y largo plazo, y apuestes por los productos de bajo consumo.

Consejo 64

UTILIZAR LO MENOS POSIBLE EL AIRE ACONDICIONADO Y LA CALEFACCIÓN

No solo debes conocer en profundidad el funcionamiento y las prestaciones de tu calefacción y aire acondicionado, sino que además debes adecuar tu casa a fin de hacerlos lo más eficaces y económicos posible, pues se trata de un gasto muy importante en algunas regiones. Sistemas tan conocidos como las ventanas de doble cristal, suponen ahorros energéticos muy importantes y a la larga son una de las inversiones más rentables.

Y si te cuesta llegar a fin de mes, reduce al máximo la utilización de estos aparatos, sírvete de mantas y ropa de abrigo en invierno y de ventiladores y abanicos en verano. Y en los momentos en los que no tengas más remedio que echar mano de estos aparatos, pon una temperatura media y constante, evitando así las subidas y bajadas bruscas que harán que todavía consuman más. Muchos expertos recomiendan 20° en invierno y 22° en verano, aunque dependería también del grado de humedad del ambiente. Ten en cuenta que por cada grado que subas consumirás un 5% más.

Consejo 65

CONSIDERA LA INSTALACIÓN DE UN SISTEMA DE VENTILACIÓN INTEGRAL

Este sistema puede refrigerarle toda la vivienda por el mismo precio que pagaría para refrigerar solo una habitación con otros sistemas de aire acondicionado tradicional, además de mejorar la circulación del aire y la ventilación de todo su hogar.

Consejo 66

USO RESPONSABLE DEL ENCENDIDO Y APAGADO DE LA LUZ

Apaga SIEMPRE las luces de los sitios donde no estés. Es mentira eso que se dice que es mejor no apagar una luz si en breve vamos a volver a la habitación. Es cierto que el encendido puede necesitar algo más de energía, pero es rotundamente falso que sea mejor dejar la luz encendida. Cada segundo gasta y muchas veces pasan horas hasta que volvemos a la habitación. Solo una excepción a esta norma se produce cuando estás utilizando fluorescentes. Infórmate en tu proveedor.

Utiliza la luz responsablemente y lo notarás en tu factura.

Consejo 67

DETECTORES DE PRESENCIA EN PASILLOS Y DESCANSILLOS

Con estos pequeños artilugios que detectarán nuestra presencia y encenderán la luz, y la apagarán cuando nos vayamos, ahorraremos mucho dinero, puesto que solo gastaremos la luz que sea necesaria. Evitaremos tener que estar pendientes de dar al interruptor cuando pasemos por el pasillo y de apagar cuando nos vayamos. Muchas veces por pereza no lo hacemos y eso conlleva un costo.

Su instalación no es muy cara y la amortizaremos en muy poco tiempo.

Consejo 68

INSTALA TEMPORIZADORES

Comprar temporizadores para lámparas, ventiladores, aires acondicionados, calefacción, ordenadores y demás utensilios, es una buena fórmula para garantizar que una serie de aparatos dejen de consumir electricidad en el momento que deseemos.

Un temporizador no es más que un reloj con un sistema de control de tiempo que cortará el suministro de electricidad al aparato que enchufemos, una vez terminado el tiempo que le hemos asignado. Esto hará que si queremos que la estufa, por ejemplo, deje de funcionar en una hora, se apague justo al llegar a los sesenta minutos del temporizador. ¡Cuántas veces nos habremos quedado dormidos en el sofá toda la noche con la estufa enchufada y gastando! Un temporizador nos hubiese ahorrado dinero en estas circunstancias.

Consejo 69

LAS ALFOMBRAS AISLAN DEL FRÍO

Cubrir de alfombras los lugares más transitados de la casa, como salones y dormitorios, nos aislará del frío del suelo. Al resguardarnos de la temperatura adversa, aunque sea en cierta manera, no nos sentiremos tan necesitados de poner la calefacción más alta. Hay que tener en cuenta que cuando sentimos frío en los pies, tenemos una sensación muy desagradable que se transmite a todo el cuerpo. Eso nos incita a calentar la casa aún más. Este sencillo y pequeño truco es muy eficaz y produce buenos resultados.

Consejo 70

NO PONER LA LAVADORA A TEMPERATURA EXCESIVA

La mayoría del consumo eléctrico de una lavadora en funcionamiento es para calentar el agua con la que se lavará la ropa. De esta manera, un programa de lavado a 90° gastará el doble de energía que un programa de 70° y casi cuatro veces más que un programa de 40°.

Si tienes ropa muy sucia, te recomiendo que la frotes con algo de agua y detergente antes de meterla en la lavadora y que utilices un programa medio, con agua templada, en lugar del de agua caliente. Para todo lo demás utiliza lavados en frío.

Consejo 71

NO PONER LAVADORAS NI LAVAPLATOS HASTA QUE ESTÉN LLENOS

Las lavadoras y los lavaplatos, por regla general, realizan una función que nos ahorra dinero, siempre y cuando los utilicemos a carga completa y a la temperatura ideal.

No friegues ni laves a mano todos los días; ve acumulando ropa y platos dentro de la lavadora y el lavaplatos. Una vez que estén completos, ponlos a funcionar. Nunca antes.

Si necesitas con urgencia tener alguna prenda limpia, o si en tu caso no da para tener la lavadora completa o para comprar y mantener un friegaplatos, hazlo a mano, intentado ahorrar el máximo de agua y detergente posible. Con conciencia y sin malgastar tus recursos.

Consejo 72

PONER A LAVAR LA ROPA CUANDO ESTÁ SUCIA, NO ANTES

La ropa se debe poner a lavar cuando realmente esté sucia, no siempre después de cada uso. Puede parecerte un consejo antihigiénico, aunque en realidad no lo es. Hay que ir impecables, limpios y aseados, en eso no hay ninguna duda. Pero ello no implica lavar sobre limpio. La ropa interior, obviamente, la pondremos a lavar todos los días porque está en contacto directo con partes de nuestro cuerpo que sufren más el sudor y que generan un olor desagradable. Sin embargo, un jersey apenas toca nuestra piel y difícilmente quedará sucio con unas horas de uso.

Es cuestión de ser responsable. Está sucio..., a lavar. No lo está..., al armario.

Consejo 73

REVISA LA CALDERA, SUCIA CONSUME MÁS

Una caldera sucia y con un mantenimiento deficiente puede llegar a gastar un 40% más de lo que debiera. Por eso se me antoja imprescindible que siempre tengas éste y otros aparatos de aporte energético en perfectas condiciones de funcionamiento.

Gastar en un correcto mantenimiento es más que rentable, pues se compensa sobradamente con consumos más bajos y asequibles de electricidad, gasóleo, propano o cualquier otro consumible energético.

Consejo 74

LAS CALDERAS DE CONDENSACIÓN Y DE BAJA TEMPERATURA AHORRAN CONSUMO

Una **caldera de condensación** aprovecha el vapor de los gases en combustión y lo transforma en calor y energía, al devolverlos en estado líquido. Por eso necesita menos gas para realizar sus funciones que una caldera normal, puesto que tienen la capacidad de mantener el calor más tiempo. Son bastantes recomendables, seguras, de fácil mantenimiento y te llevarán a ahorrar en los siguientes años entorno a un 30 ó 40% en tu recibo de gas. Es cierto que son más caras, pero con el tiempo la inversión sale rentable. En dos o tres años estará totalmente amortizada. ¡Además, son más respetuosas con el medioambiente!

Las **calderas de baja temperatura** también son muy recomendables, con ellas el ahorro será entorno al 30%. Lo que las diferencia de las calderas convencionales es que a diferencia de éstas, que consiguen su máximo rendimiento en las épocas más frías del año, las de baja temperatura están diseñadas para funcionar al 100% en picos de temperatura menos elevados. El único problema es que solo funcionan con gasóleo. Son una buena alternativa, pero si hay que elegir entre los tres modelos (condensación, baja temperatura y la convencional), yo optaría por una caldera de condensación, sin lugar a dudas.

Consejo 75

PON "PERLIZADORES", CABEZALES "AIREADORES", O "REDUCTORES DE CAUDAL" EN LOS GRIFOS

Estos aparatos pueden reducir el consumo de agua entre un 30 y un 70%. Unos se limitan a reducir el caño, otros a meter aire en el agua, mientras los últimos reducirían el caudal entrante. El resultado final sería que reducimos el gasto de agua considerablemente, sin perder apenas prestaciones. Además, son todos muy fáciles de instalar y bastante económicos en relación al ahorro que proporcionan.

Si en un grifo normal suelen salir entre 15 y 18 litros por minuto, con cualquiera de estas técnicas reduciríamos el movimiento a 8 y 4 litros al minuto. Algo considerable, ¿verdad?

Consejo 76

HACER UN BUEN MANTENIMIENTO EVITA AVERÍAS

Llevar un buen mantenimiento de todos los utensilios y dispositivos de la casa, nos ahorrará futuras reparaciones que seguro nos saldrán muy caras; evita siempre averías y mal funcionamiento que derive en perdida de rendimiento y dinero.

Consejo 77

ABRE LAS CORTINAS PARA QUE ENTRE LA LUZ NATURAL

Utiliza al máximo la luz del sol. Debemos abrir las ventanas bien para que entre la luz solar durante más tiempo y en mayor cantidad, eso hará que gastemos menos luz eléctrica. Además, es más sano, pues nuestro cuerpo necesita la luz solar para sintetizar la vitamina D, la denominada por esta misma razón "la vitamina de la luz del sol".

Consejo 78

PINTA LAS PAREDES DE COLORES CLAROS

El color blanco de las paredes da más luminosidad, refleja mejor la luz y por lo tanto, necesitaremos menos potencia en lámparas y bombillas. Y además, nos mantendrá por más tiempo la casa iluminada con la luz natural que entre por las ventanas. Es un aspecto a tener en cuenta a la hora de pintar y decorar la casa. El blanco no solo es elegante y sencillo, sino que nos ahorra dinero…

Consejo 79

LIMPIA REGULARMENTE LAS BOMBILLAS Y PANTALLAS

Puede parecer absurdo, pero tener las lámparas, bombillas y pantallas sucias reduce la luminosidad que proporcionan. Un simple trapo con algo de agua hará que aumentemos la visibilidad y no tengamos que aumentar la potencia.

Consejo 80

RECICLAR LIBROS DE TEXTO, ROPA Y OTROS UTENSILIOS

En realidad este consejo sería aún más sencillo: *recicla todo lo que puedas*. Da igual lo que sea: libros de texto, cuentos, folios, juguetes, bicicletas, ropa, muebles… cualquier cosa de la casa que sea susceptible de tener una nueva función o una nueva vida. No tires a la basura por tirar. Piénsatelo dos veces e intenta encontrar un nuevo uso a los utensilios antes de deshacerte de ellos. Quizá te puedan ahorrar un dinero que no esperabas.

Y por último, cuando vayas a tirarlos, piensa si a otra persona le podría ser útil o si lo podrías vender por internet, en páginas del estilo a Ebay. En muchas ocasiones la gente está dispuesta a pagar más de lo que te imaginas por cosas que tu tirarías a la basura sin dudarlo. Además, si tu reciclaje inteligente ayuda a los demás, también es posible que alguna vez te veas beneficiado por el buen reciclaje de tus vecinos o amigos.

Consejo 81

UTILIZA CARGADORES SOLARES PARA MÓVILES Y PORTÁTILES

La velocidad de carga de los cargadores de luz solar es prácticamente la misma que la de un cargador convencional, y con su utilización nos ahorramos todo el consumo eléctrico. ¿El inconveniente? El tiempo que se necesita para la carga. Tienen que cargarse con la luz del sol un determinado tiempo para que puedan funcionar en los momentos en los que haya oscuridad. El ahorro de energía es obvio.

Consejo 82

EL MICROONDAS MEJOR QUE EL HORNO

El microondas es mucho más económico en cuanto a uso que el horno convencional. Primero porque necesita menos tiempo para cocinar los mismos productos y segundo, porque lo hace utilizando menos energía. En comparación con los hornos tradicionales, pueden ahorrarnos un 80% de tiempo y un 30% de consumo. Además, cocina conservando el poder nutritivo de los alimentos por el simple hecho de hacerlo de forma rápida, calentando los alimentos a través de ondas electromagnéticas.

SÉPTIMA PARTE:

LOS DESPLAZAMIENTOS

A tener en cuenta...

El 99% de la población tiene que desplazarse todos los días, ya sea para llegar a sus puestos de trabajo, centros de enseñanza, o por otras muchas circunstancias. Por lo tanto, los desplazamientos deben tenerse muy en cuenta a la hora de hacer equilibrios en la economía doméstica. Debemos hacer todas las cábalas necesarias para intentar reducir el coste mensual en este apartado.

Las opciones que podemos escoger (ir caminando, en bici, automóvil o transporte público) dependerán de nuestras circunstancias. Y es muy probable que durante los treinta días del mes tengamos que combinar más de una de estas alternativas. En los próximos consejos, te mostraremos los pros y contras de cada una, así como alguna que otra recomendación particular.

Consejo 83

CAMINA SIEMPRE QUE PUEDAS

Puede parecer una obviedad, pero considero que es importante recordarlo: siempre que puedas permitírtelo desplázate caminando. Es más saludable y ahorras en combustible o transporte público.

Caminar una o dos horas al día reduce el nivel de colesterol malo en la sangre, favorece la presión arterial y proporciona un saludable ejercicio a nuestro corazón. Además, nos ayuda a conseguir un peso ideal, aumentando nuestra autoestima y nuestras ganas de vivir intensamente, ya que produce también la segregación de unas hormonas llamadas endorfinas, que incrementan nuestra sensación de felicidad.

Consejo 84

LA BICICLETA ES UNA OPCIÓN, BARATA Y SALUDABLE

La bicicleta también es una opción alternativa. También es sana, barata y saludable. En las ciudades modernas cada vez más se está fomentando su uso, debido a las aglomeraciones de tráfico y a la polución. En París, por ejemplo, puedes sacarte un abono mensual y coger bicicletas que están situadas por toda la ciudad a tu disposición. Algunas ciudades españolas y europeas empiezan a imitar su ejemplo.La coges en un sitio A y la dejas en un sitio B. Están en casi todas las calles importantes y raro será que no tengas cerca de ti algún parking de bicis. Es útil y rápido. Una fórmula muy aconsejable.

Consejo 85

EL ABONO MENSUAL DE AUTOBÚS, METRO O TREN, MEJOR QUE EL COCHE

El desplazamiento en coche por una ciudad debe ser la última opción, no solo por todos los costes que conlleva: compra del vehículo, seguro, reparaciones, impuestos, gasolina…, sino también por el tiempo que te va a hacer perder. Nunca podrás valorar el tiempo perdido en un buen atasco.

Todas las ciudades suelen tener unos abonos especiales más económicos para los viajeros que se desplazan en autobús, trenes de cercanías o metro asiduamente. Infórmate. Suelen renovarse y pagarse mensualmente y dan derecho a viajar tantas veces como sean necesarias. Si debes desplazarte con frecuencia, ésta es la mejor opción. Si no tienes que viajar todos los días, puedes comprar billetes de 10 desplazamientos y conseguir un mayor ahorro. Todo es estudiarlo y valorar los precios.

Consejo 86

AHORROS CON EL COCHE

Tener un coche propio implica asumir importantes gastos periódicos, además de otros posibles gastos imprevistos derivados de averías inesperadas, accidentes y otras circunstancias que se pueden dar con una alta probabilidad. Por esa razón, si no tienes más remedio que optar por el automóvil como medio para desplazarte, debes tener claras una serie de reglas y prevenciones para procurar ahorrar el máximo dinero posible en estos menesteres, y no sobrepasar nunca el presupuesto que tengas asignado mensualmente en este capítulo.

En las siguientes páginas abordaremos algunos de los consejos que te pueden ser útiles. Para abordar más información al respecto te sugeriría que busques en centros de atención al conductor, talleres mecánicos de confianza, o clubes automovilísticos.

Consejo 87

COMPRAR TU COCHE TENIENDO EN CUENTA TUS NECESIDADES

En muchas ocasiones, los consumidores compran sus coches con razonamientos basados en gustos estéticos, valoraciones sociales, y otras circunstancias parecidas, en lugar de hacerlo solo en base a sus necesidades. Esto supone un grave error que implicará importantes gastos extras innecesarios durante un tiempo muy prolongado de los que no podremos prescindir, y al hablar de tiempo me refiero a años, ...muchos años. No solo debemos tener en cuenta el importe total del vehículo cuando sale del concesionario, sino también los incrementos que se reflejarán en partidas de gasto muy importantes: seguros, combustible, reparaciones..., que se multiplicarán significativamente con la "calidad" del coche elegido.

Lo primero que debes hacer es pensar y estudiar el uso que le darás al coche. Una vez que tenemos claro este aspecto, decidiremos el modelo más estable, seguro y fiable dentro las características que estamos buscando. Es importante también determinar si es mejor comprar un auto que funcione con gasolina o gasóleo. El segundo saldría más caro, pero por contra tendría un consumo diario menor, ya que el gasóleo suele estar por debajo en precios, por lo que si vamos a hacer bastantes kilómetros ahorraremos a la larga.

Otra cosa que deberíamos hacer, antes de aventurarnos a comprar, sería informarnos sobre el modelo elegido. Los foros en internet, las revistas especializadas o nuestro mecánico de confianza pueden ser alternativas para realizar una consulta rápida que nos aclare algunas dudas.

Una vez en el concesionario pregunta absolutamente todo antes de tomar una decisión final. Visita varios (incluso para ver el mismo coche), mientras más mejor, y pide siempre presupuesto. Deja pasar unos días y no compres de forma inmediata. Tómate tu tiempo. El tiempo juega siempre a tu favor. Es muy probable que acabes recibiendo alguna o varias llamadas mejorando el precio o dándote más prestaciones.

Otra opción muy válida es adquirir coches de segunda mano. Se encuentran verdaderas gangas que te pueden dar una utilidad fantástica durante unos años. También puedes comprar un "kilómetro 0", que esté seminuevo, de los que venden los concesionarios a menor precio por ser los que utilizan de coche-piloto para los clientes, o para directivos de grandes empresas.

La conclusión es que debes tener muy claro qué tipo de auto necesitas y después hacer todo lo posible para que su costo final, tanto directo como derivado (consumo, seguro, reparaciones...), sea el menor posible.

Consejo 88

UN BUEN MANTENIMIENTO, AHORRA DINERO

Algo tan simple como tener limpio el filtro del aire, hace que nuestro coche consuma menos gasolina. Este consejo suele aparecer en los libros de mantenimiento que vienen con el coche.

¿Alguien se lee esos manuales? La gran mayoría, no. Y eso que nos proporcionaría una grandísima herramienta para saber cómo sacar el máximo provecho al vehículo que acabamos de comprar.

Yo te recomendaría que le echases un ojo para determinar cuándo cambiar el aceite correctamente, el filtro del aceite, el del aire, saber cuándo limpiarlo, cuándo cambiar las ruedas, el líquido de frenos, la presión de las ruedas, los amortiguadores… Todos estos puntos son importantes y de un buen mantenimiento se pueden evitar problemas mayores. Hay estadísticas que estiman que los coches con un mantenimiento deficiente tienen hasta un 26% más de avería.

También debes informarte del consumo real que suponen los extras de tu coche. Por ejemplo, los hay en los que encender el calientalunas trasero, supone un gasto extra de gasolina del 30%. Lo mismo ocurre con la calefacción en invierno y el aire acondicionado en verano, ambos aumentan significativamente el consumo. También lo hace el uso de vacas, remolques y similares. Hasta llevar las ventanillas abiertas. Todos aumentan la resistencia a vencer por el motor y por tanto el consumo.

Y cuando el coche empiece a darte problemas de averías, y lo tengas cada dos por tres en los servicios de reparaciones, véndelo, quítatelo de encima. Es mejor hacer una inversión y comprar uno nuevo o de segunda mano que estar todos los días desembolsando dinero para reparar las partes afectadas.

Consejo 89

REALIZAR UNA BUENA CONDUCCIÓN AHORRA

Realizar una correcta conducción supone un importante ahorro en gasolina. Los puntos que destacaría serían los siguientes:

- Es aconsejable para reducir el consumo conducir a velocidad constante, sin aceleraciones ni frenazos bruscos.
- Tener paciencia hasta que el motor se ha calentado adecuadamente. El desgaste de un motor en "frío" es diez veces superior al que pueda tener un motor en "caliente". El aceite lubrica a todo su nivel cuando adquiere la temperatura de 70 u 80°, por esa circunstancia hay que ser cautos a la hora de apretar el acelerador hasta que eso se produzca.
- Es conveniente utilizar las marchas largas, cuando sea posible, a bajas revoluciones y con el acelerador a medio pisar.
- Emplear correctamente la palanca de cambios. La primera marcha, por ejemplo, se debe utilizar única y exclusivamente para arrancar, nunca como opción a la hora de conducir. Debe dar paso a la segunda marcha, es su única función.
- En paradas superiores a 1 minuto, debes parar el motor completamente.
- El "punto muerto" sí gasta gasolina, así que evítalo siempre que puedas.

- No llenar el vehículo con peso excesivo.
- Evitar poner el aire acondicionado o la calefacción. Ahorrarás gasolina.
- No conducir con las ventanas bajadas; el aire frena al coche, con lo que consume más gasolina.
- Circula a unas 2.000 r.p.m. en vehículos de gasolina y a unas 1.500 en los de gasoil.
- Por encima de los 100 km/h el consumo de combustible se multiplica.

Consejo 90

LLENA EL DEPÓSITO DE GASOLINA LOS LUNES

Se dice que este día las gasolineras bajan sus precios, porque es el día elegido por los organismos oficiales para controlar los precios que se ofrecen y transmitir la idea de que venden algo más barato. Lo cierto es que basta hacer un seguimiento a nuestra gasolinera habitual para verificar este hecho. Yo he podido comprobar en distintos establecimientos como los precios variaban del sábado al lunes, siendo estos últimos más económicos.

Por contra, nunca deberíamos repostar los viernes, sábados ni domingos. Tampoco las vísperas de vacaciones o puentes, ya que las gasolineras aprovechan el más que posible aumento de la demanda para subir ligeramente los precios por litro de combustible.

Consejo 91

UTILIZAR GASOLINERAS MÁS ECONÓMICAS O QUE OFREZCAN DESCUENTOS

Hay ciertos ministerios y gobiernos de países que publican cuáles son las gasolineras más económicas. Te conviene enterarte si tu país ofrece este dato, ya que te será de mucha utilidad para repostar siempre en el lugar que más te convenga.

También es interesante aprovechar las ofertas que ciertas gasolineras puedan ofrecer. Normalmente, dan un porcentaje de descuento para el siguiente repostaje, con lo que se garantizan que el cliente vuelva a su establecimiento para disfrutar de la promoción. Puede parecer un ahorro banal, pero sin duda puede ser considerable y ventajoso si uno consume bastante carburante.

Consejo 92

LOS SEGUROS. BUSCA Y ENCUENTRA EL QUE DA MÁS POR MENOS

Hay decenas y decenas de aseguradoras, unas más grandes, otras más pequeñas; unas que cubren más, otras que cubren menos. También hay mucha diferencia de precios, dependiendo de un montón de conceptos: edad de tu coche, cilindrada, tiempo que el conductor hace que tiene el carnet de conducir, los accidentes que haya podido tener, si asegura a terceros, a todo riesgo, a todo riesgo con franquicia…

Mi recomendación es que busques y busques bien y con mucha tranquilidad. No debes quedarte con la primera que veas, ni con la que hayas trabajado siempre, por el simple hecho de no querer dedicar tu tiempo a la búsqueda de la mejor aseguradora en relación al presupuesto que tienes y a las características de tu vehículo. Merece la pena el esfuerzo. Primero deduce lo que te vendría mejor, según tus circunstancias. Después, busca y consulta todos los seguros que puedas. Pregunta a otras personas por su experiencia e infórmate en foros especializados.

Y cuando tengas claro con qué aseguradora trabajar, intenta rebajar al máximo el precio o las prestaciones que te hayan dado. Tienen un margen y siempre podrás lograr algún beneficio de ello.

Consejo 93

COMPARTIR COCHE PARA IR A TRABAJAR, A LA UNIVERSIDAD O LOS FINES DE SEMANA

Cada día hay más gente que comparte el gasto que supone desplazarse a diario a los centros de trabajo, de estudio o de ocio. Es una medida para ahorrar fantástica donde todos ganan, incluso el medioambiente, pues se ve reducida la contaminación que emitimos a la atmósfera.

¡Siempre que puedas viajar así, hazlo!

Consejo 94

APAGA EL COCHE CUANDO
LA PARADA SEA PROLONGADA

Siempre que la parada sea superior a un minuto, debes apagar el motor del coche. Sólo con esta simple práctica ahorrarás una parte importante de combustible. Hoy en día ya se encuentran en el mercado muchos coches que lo hacen automáticamente. A la hora de comprar, conviene tenerlo en cuenta.

Consejo 95

ECHA GASOLINA POR LA NOCHE
O A PRIMERÍSIMA HORA DE LA MAÑANA

El frío de la noche o la madrugada hará que el combustible adquiera mayor densidad que en horas de calor. La misma cantidad de gasolina ocuparía menos volumen que durante el día, ya que a mayor temperatura mayor dilatación. O lo que es lo mismo: en un mismo espacio nos cabrá más gasolina.

Hay que tener en cuenta que el sistema de medida de los surtidores es volumétrico, con lo cual nos cobrarán lo mismo dándonos más cantidad.

Cuando la gasolina pasa por el contador se encuentra comprimida por la baja temperatura y luego en el depósito, con el calor, se expande.

OCTAVA PARTE:

EL OCIO

A tener en cuenta...

Si me preguntan qué es lo que yo considero calidad de vida, respondería que ganar el suficiente dinero para cubrir mis necesidades básicas y poder disponer de todo el ocio que yo desee. ¿Qué quiere decir esto? Que mido gran parte de mi felicidad en relación a lo que puedo disfrutar de la vida. No me malinterpretes, me encanta trabajar. Sobre todo cuando desarrollo tareas que me fascinan, como la escritura. Sin embargo, creo que el dinero y el trabajo deben ser el medio para aprender a disfrutar de otras cosas: como viajar, ir al cine o al teatro, leer, una buena cena... ¡El ocio me da la energía para rendir más y mejor en mi trabajo! Y por consiguiente, para ganar más dinero.

Por esa razón yo no recorto en ocio, salvo que sea imprescindible. Puedo recortar en otra serie de lujos y, por supuesto, puedo encontrar vías para que mi ocio resulte más económico, pero lo que no estoy dispuesto, bajo ninguna circunstancia que no sea de fuerza mayor, es a pasar un mes sin mis momentos de ocio y expansión. Ahora te daré algunos consejos para conseguir llevar esto a la práctica.

Consejo 96

LAS VACACIONES SON SAGRADAS

Si no logras tener vacaciones en todo un año es que algo va mal. Y no solo eso: va a ir a peor. Uno debe distraerse, desconectar y recargar las pilas, y eso es lo que se hace, o se procura hacer, en las vacaciones. Te recomiendo encarecidamente que nunca renuncies a ellas, estés pasando las penurias económicas que estés pasando. No tener dinero no implica no tener imaginación. Y si tienes imaginación puedes disfrutar de tus merecidas vacaciones de mil maneras diversas que no impliquen un gasto demasiado elevado. Es más, en realidad puedes llegar a tener unas vacaciones a coste prácticamente cero.

Tener unos días de asueto y diversión no tiene por qué vincularse con viajar a un lugar con playa y hospedarse en un hotel con vistas al mar. Podemos disfrutar, incluso, de las vacaciones sin dejar de dormir en nuestra casa. Es una opción límite, pero yo lo he hecho y he de decir que ha sido desde todo punto de vista alucinante. ¿Qué hacía? Pues me proponía gastar solo un 10% más de lo que gastaría en periodos ordinarios. Me levantaba temprano para aprovechar mis vacaciones, me hacía un desayuno especial y lo tomaba en un sitio diferente a donde lo tomaba habitualmente. En este caso en la mesa del comedor mirando el amanecer desde mi ventana. ¡No tenía terraza, pero no me hizo falta!

Después salía y me proponía cada día descubrir cosas nuevas de la ciudad en la que vivía. Es sorprendente lo poco que llegamos a conocer el sitio donde pasamos las horas, los días, meses y años. ¡Y las ciudades respiran y tienen vida propia! Y es un gusto, por otro lado, descubrir las mil facetas que desconocías.

Al mediodía solía comer un menú económico por donde me encontrase. A veces compraba pan y algo de embutido y disfrutaba de una alegre comida tirado en algún parque... Visitaba museos, leía en algún banco rodeado de sol, descubría calles y leyendas, tomaba algún café en una terracita y cientos de cosas más. La ciudad y sus posibilidades se tornaban infinitas. Ni que decir tiene que si encima hacía esto en buena compañía la experiencia no dejaba de ser un monumento a la genialidad.

Por la noche volvía a casa, cansado y excitado por todas las vivencias del día. Cenaba ligeramente y ¡a dormir! El día siguiente me esperaba con nuevas aventuras.

Con esto quiere decirte que con ciertas dosis de imaginación y actitud mental positiva puedes cambiar la adversidad y tener nuevas oportunidades. Aunque lo que te recomendaría es que todos los meses apartes un dinero destinado a las vacaciones, para que no tengas que jugar tan al límite como la experiencia que te acabo de comentar. Ahorrar, como te he comentado en más de una ocasión, es un hábito. Y bien administrado puede ser un hábito que nos posibilite hacer absolutamente todas las cosas que queramos hacer.

Y ya sabes, ¡las vacaciones son sagradas!

Consejo 97

INTERCAMBIO DE CASA PARA LAS VACACIONES

Se está poniendo muy de moda (supongo que las crisis económicas agudizan el ingenio) intercambiar las casa para las vacaciones. Tú prestas tu casa y vas a otra cedida en otro lugar para pasar unos días de relax. Como idea y concepto son estupendos. Todo el mundo gana.

Si quieres saber más sobre esta práctica busca en internet, hay varias páginas web que sirven de intermediarios para que todos aquellos que quieran participar de estas experiencias puedan hacerlo. Es una gran opción para viajar eliminando el que suele ser el mayor de los costes, el alojamiento. Estrategia a tener en cuenta.

Consejo 98

SI QUIERES IR AL CINE, VE A LA FILMOTECA

Si te gusta ver el cine en sala, no renuncies a ello. Existen opciones, como los abonos mensuales (hay países como Francia donde este sistema está muy integrado) o las filmotecas. En las filmotecas normalmente se proyectan grandes clásicos a la vez que se suelen hacer retrospectivas de directores o actores más contemporáneos. Y en cualquier caso, se proyectan películas de calidad, así que la experiencia puede ser bastante gratificante si te gusta el séptimo arte.

Los precios en estos sitios suelen ser bastante económicos, teniendo la opción de sacarte bonos para ver 10 ó 20 películas, con lo que el precio todavía se reduce más. Es una gran opción si no quieres renunciar a algo que te gusta.

Consejo 99

CINE EN EL DÍA DEL ESPECTADOR Y PALOMITAS DE CASA

En los cines convencionales existe el día del espectador, que es siempre un día entre semana, nunca viernes, sábado o domingo, y donde el precio es sensiblemente inferior. A mí me encanta aprovecharme de esta promoción, no solo por el precio, sino porque se disfruta más la película al no tener tanta gente dentro de las salas como en un fin de semana. Te animo a que investigues a qué día corresponde en tu ciudad y que empieces a probar la experiencia de ir a ver una película con un coste más bajo y con mayor tranquilidad.

Consejo 100

SI TE GUSTA LEER, HAZTE EL CARNET DE LA BIBLIOTECA

Desgraciadamente los libros son más caros de lo que uno querría. Pienso que toda cultura debería estar en cierto modo subvencionada por los gobiernos y que nunca un individuo debería renunciar a ésta por cuestiones económicas. Esa renuncia hace que esa sociedad dé un paso hacia atrás.

En cuestión de lectura, te aconsejo que te hagas el carnet de varias bibliotecas municipales que se encuentren cerca de casa o del trabajo. Podrás disfrutar de los libros sin tener que pagar por ello. Si a ti lo que te gusta es "tener para ti" los libros, no tienes más opción que comprarlos. Ahí te diría que te hagas asiduo de las librerías de segunda mano, ya que puedes encontrar verdaderas gangas a precio de risa, o que aproveches las ferias y las ofertas especiales que puedan realizar las librerías de tu ciudad.

También puedes intercambiar libros con amigos y familiares. Incluso existen páginas donde puedes ponerte en contacto con lectores afines con los que compartir títulos. Hoy en día las grandes páginas de venta de libros (Amazon, Barnes and Noble, etc.) tienen secciones donde puedes comprar los mismos, pero ya usados, a un precio bastante inferior. Es otra opción.

Consejo 101

VIAJAR EN LOW COST
Y COMPRAR CON ANTICIPACIÓN

Si uno se acostumbra a viajar con compañías "Low Cost", puede ahorrar muchísimo dinero. Es cierto que en muchas ocasiones resulta un poquito más molesto viajar en "Low Cost" por diversas circunstancias (solo suelen dejar embarcar una bolsa o maleta de mano y si quieres llevar más se tienen que pagar aparte, los asientos son más estrechos, la tripulación se pasa todo el vuelo vendiendo productos, suelen aterrizar en las terminales más alejadas e incómodas, etc.). Sin embargo, una vez que uno se acostumbra a esta serie de inconvenientes, volar suele resultar bastante más barato y agradable.

Otra opción a tener en cuenta es comprar nuestros billetes con un tiempo de antelación. Los encontraremos mucho más económicos y accesibles. Si conoces las fechas en las que vas a volar, ésta debería ser la mejor manera de ahorrar con tus viajes.

Consejo 102

LAS VACACIONES: VIAJAR EN ÉPOCAS
MENOS HABITUALES

Fuera de las épocas habituales de vacaciones, Julio y Agosto, Semana Santa, Navidades, puentes…

los precios de transportes (aviones, trenes...), hoteles, restauración, gasolina, etc., suelen ser mucho más baratos. A veces los hoteles reducen sus precios a menos de la mitad. Los viajes organizados también. Unas buenas vacaciones, en fechas no habituales te producen un ahorro que puede llegar al 50%.

Consejo 103

COMPRA LAS ENTRADAS DE TEATRO, CINE, CENAS, ETC. A TRAVÉS DE PÁGINAS DE DESCUENTOS

Existen numerosos descuentos para la compra de entradas de teatro, cine o incluso comidas o cenas, a través de páginas especializadas en internet. En ellas encontrarás precios con hasta un 70% de descuento, lo cual supone un ahorro sustancial. Basta que pongas en google "descuento en teatro", o cine o lo que sea, y te saldrán en las primeras posiciones de la búsqueda las webs que ofrecen este tipo de servicios.

Si te registras en las mismas y lo solicitas, suelen enviarte al email todas las ofertas que van entrando que cumplan los requisitos que tú pongas. Esto también es una opción a valorar, ya que de esta manera estás constantemente informado de los descuentos a los que puedes optar en materia de ocio.

Consejo 104

ACTIVIDADES GRATUITAS AL AIRE LIBRE

Salir de acampada, hacer barbacoas con los amigos o incluso apuntarse a las numerosas actividades al aire libre que se ofrecen en cada ciudad, son una forma de diversión muy económica y sana, que fomenta la interrelación social y el aumento de tu círculo de amistades.

Puedes apuntarte en las bolsas sociales en los ayuntamientos o preguntar en los mismos, así como en los centros culturales de tu barrio. Siempre encontrarás algo que te apetezca hacer, ya sea al aire libre (escalada deportiva, rafting, senderismo, petanca…) o en locales especializados (teatro, danza, música, dibujo…).

Consejo 105

ACTIVIDADES SUBVENCIONADAS

A lo dicho en el consejo anterior, quiero añadir que no siempre todas las actividades pueden ser gratuitas. Algunas requieren un esfuerzo económico por tu parte, aunque estén en cierta medida subvencionadas y el costo para ti sea menor.

No es una opción a descartar, pues puedes disfrutar de ocio a un precio estupendo. Yo he podido vivir viajes culturales a otros países y visitas guiadas a los museos más importantes por cantidades de dinero bastante pequeñas.

Consulta en las publicaciones oficiales de tu país y en las del ayuntamiento en el que estés adscrito.

Consejo 106

DESCARGAS LEGALES DE MÚSICA, PELÍCULAS Y AUDIOLIBROS

Cada vez proliferan más portales de internet en los que puedes escuchar música por un pago mensual. También los hay en los que puedes ver cine online. La oferta con respecto al precio es buenísima, mucho más económica que comprar CD's o DVD's.

Se puede encontrar, de la misma manera, webs donde de pueden comprar, y por lo tanto descargar, canciones, películas o audiolibros de forma individual. El precio es algo superior, ya que no se trata de un alquiler, por así decirlo, sino de una venta. Tú compras los archivos y los descargas. La diferencia es que su precio es algo inferior porque no viene con las carátulas físicas en papel y plástico.

Yo, sinceramente, prefiero la primera opción, pagar mensualmente por escuchar y ver online, sin tener que descargar y almacenar nada. Los precios son bastante coherentes y te ahorras una importante suma con respecto a la compra.

Consejo 107

LEE LOS PERIÓDICOS Y REVISTAS A TRAVÉS DE INTERNET

Leer la mayoría de periódicos del mundo a través de internet es gratis. Obviamente, debes tener conexión o buscar el wifi gratuito de los locales que lo ofrezcan.

Ésta es una gran manera de seguir disfrutando de la lectura de noticias y de estar al día de todo lo que acontece, sin gastar un dinero por ello. Si normalmente compras estos productos en papel, acostúmbrate a leerlos por este medio, ahorrarás accediendo a los mismos contenidos.

Consejo 108

HAZ DEPORTE GRATUITO

¡Hacer deporte en parques es gratis! Correr, jugar al fútbol, al básquet y otras muchas actividades pueden serlo. Cálzate tus deportivas y a disfrutar…

Consejo 109

RESTAURANTES 2X1

Con la crisis, en muchos países han proliferado las ofertas en restauración; cada vez es más fácil recibir propaganda de 2x1 para cenar en sitios de calidad, con lo cual nos cobran el mismo precio por cenar solos o con un acompañante.

Éste es un ejemplo fantástico de cómo aprovechar las oportunidades del mercado para llevar una vida placentera, en la que podamos seguir disfrutando del ocio a un precio más acorde con nuestra economía. Naturalmente estamos hablando de un "lujo", puesto que no es necesario salir a comer fuera de casa para que nuestro nivel de vida sea mejor. Pero ayuda. Y da una sensación de libertad hasta cierto punto necesaria. Nos da la impresión psicológica de que tenemos más dinero del que realmente disponemos o, al menos, de que lo estiramos mucho más de lo que lo hacíamos antes.

Para poder tener acceso a este tipo de ofertas quizá tengas que suscribirte gratuitamente a alguna página web de descuentos o buscar en revistas, periódicos o folletos especializados. ¡Merece la pena!

Nota final

HAZ QUE TU DINERO RINDA MÁS PARA NO SUFRIR Y DISFRUTAR AL MÁXIMO

A lo largo de todo este libro he querido darte una serie de consejos que, aunque sea de forma muy esquemática, estoy completamente convencido que te ayudarán a vivir una vida más desahogada y entusiasta, que es de lo que se trata. La mayoría de ellos los he puesto en práctica en mis propias carnes. Es decir, yo mismo he sido mi primer conejillo de indias y la primera persona en descubrir que con esta serie de cambios el dinero puede dar mucho más de sí. Yo antes era una persona desorganizada con tendencia a la dejadez. Y te puedo decir que estas nuevas rutinas cambiaron literalmente mi vida. Pasé de sufrir para llegar a final de mes a ahorrar todos los meses con los mismos ingresos. Con el tiempo, además, aprendí que haciendo bien las cosas producía más en menos horas diarias, lo que me dio la oportunidad de dedicar ese extra diario a ganar más dinero en otras actividades (escribiendo libros, por ejemplo).

Mi ilusión es que estas páginas te ayuden también a ti y que consigas superar obstáculos y retos con un férreo optimismo. Nada me haría más feliz. Te deseo toda la suerte del mundo y que la vida te sonría.

¡Un fuerte abrazo!

Ahorrar siempre te traerá alegrías.
Tu futuro crecerá cada vez más.
Así que buena suerte y ¡buen ahorro!